プライマリー
商法総則
商行為法
〔第4版〕

藤田勝利＋北村雅史 編

法律文化社

第 4 版 はしがき

　本書は,『プライマリー会社法〔第 4 版〕』の姉妹版として編集された,商法総則・商行為法の教科書である。
　商法は,いわゆる「六法」のひとつであり,企業関係の基本法である。将来,企業社会で活躍しようとする学生諸君や,法曹を目指す人たちにとって,商法は必ず学習しなければならない重要科目である。一方で,商法は,規定が複雑であり,対象である企業関係自体が学生諸君にとって容易にイメージできるものではなく,また,民法の特別法としての性格からその理解のためには民法に関する知識が必要になるなど,とくに初学者にとって学びにくい科目という印象を持たれがちである。そこで,本書は,主として法学部または法科大学院で初めて商法を学ぶみなさんが,自習または大学での授業を通して,商法の知識と商法的な思考能力を身に付けることができるように,いくつかの工夫を行っている。
　まず,制度の存在理由を明らかにしながら法規制の内容を解説することを心掛けた。技術的な規定や細かな解釈論の説明は相当程度割愛することとなったが,その方が,制度の全体像を理解するためには有益であると考えた。
　第 2 に,解釈上の重要論点は,最も適切な箇所に本文とは別に 論点 の枠を設けて略説した。学説・判例において議論が盛んな問題点をこのような形式で浮かび上がらせることにより,読者にインパクトを与え,また教材としても使い勝手のよいものとなることを狙った。
　第 3 に,実務上や判例学説上の興味深いトピックを, コラム として,これも本文とは別枠で記述した。コラムは,本文の説明を補完するとともに,記述にアクセントを与え,「生きた法」の一端を読者に触れていただくように企図している。
　本書第 3 版の刊行から 9 年が経過した。この間,平成26（2014）年の会社法改正に伴う商法規定の小規模改正があった後,平成29（2017）年の民法（債権法）改正に伴い,商行為の通則（商法第 2 編「商行為」第 1 章「総則」）に含まれる多くの

規定が改正または削除されるなど，商法規定が広範囲に改正された（同改正法の施行日は2020年4月1日）。また，平成30（2018）年の商法の改正により，運送営業，運送取扱営業および倉庫営業に関する規制が現代化され，あわせて一部にカタカナ文語体が残っていた商法規定がすべてひらがな口語体に改められた（同改正法の施行日は平成31〔2019〕年4月1日）。本書第4版は，このような商法の改正を反映させ，第3版以降の重要判例を追加するために，改訂されたものである。

　本書の刊行時点で平成29（2017）年の改正民法およびそれに伴う改正商法は施行されていないが，本書では改正後の民法・商法を前提とした記述をしている。過去の改正について言及する場合は，その都度，「平成○○〔20○○〕年改正前商法○○条」などと表記している。

　本書第4版を平成30（2018）年の商法改正に対応して比較的早い時期に刊行できたことは，執筆者諸氏の並々ならぬご努力の賜物である。編者として深く謝意を申し上げたい。改訂については，今回も法律文化社の舟木和久氏に大変お世話になった。厚く御礼申し上げる。

　平成31（2019）年2月

藤田勝利

北村雅史

目　　次

第4版はしがき

第1編　総　　論

第1章　商法の意義……………………………………………2
　　Ⅰ　形式的意義における商法 …………………………2
　　Ⅱ　実質的意義における商法 …………………………2
　　Ⅲ　商法と他の法律との関係 …………………………4

第2章　商法の基本概念………………………………………8

第3章　商法の歴史……………………………………………10
　　Ⅰ　世界の商法の発達 …………………………………10
　　Ⅱ　日本の商法の歴史 …………………………………12

第4章　商法の特色と傾向……………………………………14
　　Ⅰ　内容上の特色 ………………………………………14
　　　　1 企業活動に関する特色　14　　**2** 企業組織に関する特色　15
　　Ⅱ　発展傾向上の特色 …………………………………16
　　　　1 進歩的傾向　16　　**2** 世界的傾向　17

第5章　商法の法源……………………………………………18
　　Ⅰ　制　定　法 …………………………………………18
　　Ⅱ　商　慣　習 …………………………………………18
　　Ⅲ　商事自治法 …………………………………………19
　　Ⅳ　商事条約 ……………………………………………21

　　　　　論点1　約款の法源性　21

第6章　商法の法源の適用順序 …………………………………………… 22

第2編　商法総則

第1章　商人と営業 ……………………………………………………… 26
Ⅰ　商人の意義 ……………………………………………………………… 26
　　1　総　説　26　　2　固有の商人と擬制商人　26　　3　小商人　28
Ⅱ　商人資格 ………………………………………………………………… 28
　　1　総　説　28　　2　商人資格の得喪　29
　　　コラム1　自由職業と営利性の有無　29
　　　論点2　商人資格の取得時期　30
　　　論点3　会社以外の法人の商人資格　30
　　3　営業能力　31
Ⅲ　営業の意義 ……………………………………………………………… 32
　　1　総　説　32　　2　主観的意義の営業とその制限　32
　　3　客観的意義の営業　33　　4　営業所　34

第2章　商業登記 ………………………………………………………… 35
Ⅰ　総　説 …………………………………………………………………… 35
　　　コラム2　商業登記と不動産登記　35
Ⅱ　商業登記事項 …………………………………………………………… 36
　　1　登記事項に関する規定　36　　2　商業登記事項の分類　37
　　3　商業登記に関する通則　37
Ⅲ　商業登記の手続 ………………………………………………………… 38
　　1　登記の申請・管轄　38　　2　登記官の審査　38
　　　論点4　登記官の審査権　39
　　3　登記事項証明書等の交付　39

目　次　v

Ⅳ　商業登記の効力……………………………………………………………40
　　1　商業登記の一般的効力　40
　　　論点5　積極的公示力と民商法の外観保護規定との関係　42
　　2　不実登記の効力　43
　　3　特殊の効力　44
　　　コラム3　取締役の対第三者責任と会社法908条2項の類推適用　44

第3章　商　　　号……………………………………………………………46

Ⅰ　総　　説……………………………………………………………………46
　　1　商号の意義　46　　2　名称とは？　46
　　　コラム4　「商号」と「商標」「サービス・マーク」「営業標」　47
　　　コラム5　ローマ字による商号の登記　47
　　3　商人の名称とは？　48　　4　営業上の名称とは？　48

Ⅱ　商号の選定…………………………………………………………………48
　　1　商号の選定に関する立法主義　48　　2　商号選定の自由　49
　　3　商号選定の自由に対する例外　49
　　　コラム6　他の商人の営業等と誤認されるおそれのある名称または商
　　　　　　　号　50

Ⅲ　商号の数……………………………………………………………………52
　　1　個人商人の場合　52　　2　会社の場合　52

Ⅳ　商号の登記の手続…………………………………………………………52

Ⅴ　商　号　権…………………………………………………………………53
　　1　商号権の意義　53　　2　他の商人（会社）と誤認させる名称等の使用
　　の禁止　54
　　　コラム7　不正競争防止法の沿革　54

Ⅵ　商号の譲渡・廃止・変更…………………………………………………56
　　1　商号の譲渡　56　　2　商号の相続　57　　3　商号の廃止・変更　57

Ⅶ　名板貸し……………………………………………………………………58
　　1　意　義　58　　2　名板貸人の責任要件　59
　　　論点6　手形行為と商法14条（会社法9条）　60
　　3　名板貸人の責任内容　61

コラム 8　スーパーマーケットとテナントの関係に対する平成17（2005）年改正前商法23条の類推適用　61

第4章　営 業 譲 渡 ……………………………………………………… 63

I　営業譲渡の対象・機能・手続 ………………………………………… 63

1　営業譲渡の対象となる営業　63

コラム 9　営業と事業　63

2　営業譲渡の機能　64　　**3**　営業譲渡の手続　64

論点 7　株主総会決議が必要となる事業譲渡の範囲　65

II　営業譲渡契約当事者間（譲渡人と譲受人との間）の関係 …………… 66

1　営業財産移転義務　66

2　競業避止義務　66

コラム10　合併・会社分割などとの差異　67

III　営業譲渡契約の各当事者（譲渡人と譲受人）と第三者との関係 …… 68

1　譲渡人の残存債権者との関係（譲渡人の債務を承継しない特約がある場合）　68

2　譲渡人の残存債務者との関係（譲渡人の債権を承継しない特約がある場合）　71

コラム11　17条の趣旨　71

IV　営業の賃貸借・営業の担保化・経営の委任 ………………………… 72

第5章　商 業 帳 簿 ……………………………………………………… 73

I　総　　説 ………………………………………………………………… 73

1　商業帳簿の目的　73　　**2**　商業帳簿の法規制　74

コラム12　昭和49（1974）年の商法改正の内容　74

コラム13　商業帳簿の電子化　75

3　商法の解釈と会計慣行　76

論点 8　公正な会計慣行と企業会計原則　77

II　商業帳簿の意義・種類 ………………………………………………… 78

1　商業帳簿の意義　78　　**2**　会計帳簿　79　　**3**　貸借対照表　79

4　計算書類等　81

　　　　　　　コラム14　商業帳簿，計算書類，財務諸表　81
　Ⅲ　資産の評価 ………………………………………………………………… 82
　　　1　資産評価の基準　82　　2　評価の対象となる資産とその評価　83
　Ⅳ　商業帳簿の保存・提出義務 ……………………………………………… 84
　　　1　商業帳簿の保存義務　84　　2　商業帳簿の提出義務　84
　　　　論 点 9　商業帳簿の提出命令の対象　85

第6章　商業使用人 …………………………………………………………… 86
　Ⅰ　総　　説 …………………………………………………………………… 86
　　　1　商人の補助者　86　　2　商業使用人の意義　86　　3　商業使用人に関する規定　87
　Ⅱ　支　配　人 ………………………………………………………………… 87
　　　1　意　義　87
　　　　論 点10　支配人の意義　88
　　　2　選任・終任　88　　3　支配人の代理権　90　　4　支配人の義務　91
　　　5　表見支配人　92
　　　　論 点11　表見支配人と営業所の実質　92
　Ⅲ　その他の商業使用人 ……………………………………………………… 94
　　　1　ある種類または特定の事項の委任を受けた使用人　94
　　　　論 点12　ある種類または特定の事項の委任を受けた使用人の意義　94
　　　2　物品販売等店舗の使用人　95
　　　　コラム15　執行役員　95

第7章　代　理　商 …………………………………………………………… 96
　Ⅰ　総　　説 …………………………………………………………………… 96
　Ⅱ　代理商の意義 ……………………………………………………………… 96
　　　1　総　説　96　　2　商人または会社の営業の継続的な補助者　97
　　　　コラム16　フランチャイズと特約店　97
　　　3　締約代理商と媒介代理商　98　　4　取次商・仲立人との比較　99
　　　　コラム17　保険代理店　99

viii

   5 商業使用人との比較 100
 Ⅲ 代理商契約の締結 …………………………………………………… 100
 Ⅳ 代理商契約の効果 …………………………………………………… 101
   1 代理商と本人との法律関係（内部関係） 101 *2* 代理商と第三者との法律関係（外部関係） 103
 Ⅴ 代理商契約の終了 …………………………………………………… 103

第3編　商　行　為

第1章　総　　論 ………………………………………………… 106

 Ⅰ 序　　論 ……………………………………………………………… 106
   コラム18 企業取引と消費者契約 106
 Ⅱ 商行為の意義 ………………………………………………………… 108
   1 商行為の分類 108 *2* 絶対的商行為 108 *3* 営業的商行為 110
   コラム19 公法人の商行為 111
   4 附属的商行為 113
   論点13 雇用契約の附属的商行為性 114
   5 会社等の行為 114 *6* 一方的商行為と双方的商行為 115
 Ⅲ 商行為法の通則 ……………………………………………………… 116
   1 序　　論 116
   コラム20 立法趣旨による商行為通則規定の分類 116
   2 商行為一般に関する規定 117
   コラム21 平成29（2017）年民法改正による商法規定の削除等 117
   論点14 商法504条但書における相手方，本人，代理人の関係 118
   3 当事者の一方が商人である場合の規定 120
   4 当事者双方が商人である場合の規定 123
   コラム22 宅地建物取引業者の報酬請求権 123

第2章　商事売買　127

- I　商事売買の意義　127
- II　売主の権利・義務　128
  - **1** 売主の供託権・競売権(524)　128　　**2** 定期売買の解除(525)　129
- III　買主の権利・義務　131
  - **1** 目的物検査・通知義務（526）　131
    - **論点15**　商法526条の適用範囲―目的物は特定物に限られるか　132
  - **2** 買主の目的物保管・供託義務（527・528）　133
    - **論点16**　ファイナンス・リースとは，どのようなものか　134

第3章　交互計算　136

- I　交互計算の意義　136
  - **1** 交互計算の趣旨　136　　**2** 交互計算の要件　137
- II　交互計算の効力　138
  - **1** 消極的効果　138
    - **論点17**　交互計算不可分の原則は，交互計算の当事者間にのみ妥当するものか，第三者に対しても効力が及ぶか　138
  - **2** 積極的効果　139
- III　交互計算の終了　140

第4章　匿名組合　141

- I　匿名組合の意義　141
- II　匿名組合契約　142
  - **1** 匿名組合契約　142　　**2** 匿名組合員の権利・義務　142
  - **3** 営業者の権利・義務　143
- III　匿名組合契約の終了　144
  - **1** 要件　144　　**2** 効果　145
    - **論点18**　匿名組合の営業者の利益相反行為と善管注意義務（最判平28・9・6金判1508・48）　145

第5章　仲立人……147
I　総　説……147
II　仲立人の意義，法源と仲立契約の性質……147
 1　仲立人の意義　147　**2**　法　源　148　**3**　仲立契約の性質　149
III　仲立人の義務……149
 1　善管注意義務　149　**2**　当事者間の紛争を防止するための義務　150
 3　氏名等の黙秘義務および介入義務　152
IV　仲立人の権利および権限……152
 1　報酬請求権　152　**2**　給付受領権限　154
 コラム23　不動産の流通　154

第6章　問屋営業……155
I　総　説……155
 コラム24　証券取引　155
II　問屋の意義……156
 1　総　説　156　**2**　取次ぎをする者　156　**3**　物品の販売または買入れの取次ぎをする者　156　**4**　取次ぎの引受けを業とする者　157
III　問屋の法的地位……157
 1　総　説　157　**2**　問屋と相手方との関係　157　**3**　委託者と相手方との関係　157　**4**　問屋と委託者との関係　158
IV　問屋の権利・義務……160
 1　問屋の義務　160　**2**　問屋の権利　161
V　準問屋……163

第7章　運送営業……164
I　総　説……164
 1　意　義　164　**2**　運送営業に対する平成30（2018）年改正前商法の規制　164
 コラム25　商法典における運送営業規定の体系的意味　164
 3　運送営業に対する商法の規制の不備の解消　165
 コラム26　平成30（2018）年改正商法の国内運送ルールと国際運送

　　　　ルールの関係　166

　Ⅱ　物品運送⋯⋯⋯⋯⋯⋯⋯⋯⋯⋯⋯⋯⋯⋯⋯⋯⋯⋯⋯⋯⋯⋯⋯⋯⋯⋯167
　　　1　意　義　167
　　　2　荷送人の義務　167
　　　コラム27　物品（貨物）の運送営業と倉庫営業の関係　167
　　　3　運送人の責任　169
　　　コラム28　運送人の損害賠償額の比較　169
　　　コラム29　高価品の実務上の扱い　171
　　　論　点19　請求権競合説と法条競合説　172
　　　4　荷受人の地位　173　　**5**　複合運送　174　　**6**　相次運送（通し運送）　175
　Ⅲ　旅客運送⋯⋯⋯⋯⋯⋯⋯⋯⋯⋯⋯⋯⋯⋯⋯⋯⋯⋯⋯⋯⋯⋯⋯⋯⋯⋯176
　　　1　旅客運送契約　176　　**2**　乗車券の法的性質　176　　**3**　旅客運送人の責任　177　　**4**　運送人の債権の消滅時効　179

第8章　運送取扱営業⋯⋯⋯⋯⋯⋯⋯⋯⋯⋯⋯⋯⋯⋯⋯⋯⋯180
　　　1　意　義　180　　**2**　運送取扱人の責任　180　　**3**　運送取扱人の権利　181　　**4**　危険物についての委託者の通知義務　182　　**5**　荷受人の地位　182　　**5**　相次運送取扱　182

第9章　倉　庫　営　業⋯⋯⋯⋯⋯⋯⋯⋯⋯⋯⋯⋯⋯⋯⋯⋯⋯⋯184
　　　1　意　義　184
　　　コラム 30　トランクルームサービスの普及と標準約款　184
　　　2　倉庫寄託契約　185　　**3**　倉庫営業者の義務　186　　**4**　倉庫営業者の権利　188　　**5**　倉荷証券　189　　**6**　荷渡指図書の法的性質　191

第10章　場　屋　営　業⋯⋯⋯⋯⋯⋯⋯⋯⋯⋯⋯⋯⋯⋯⋯⋯⋯⋯192
　　　1　意　義　192　　**2**　場屋営業者の責任　192

事項・人名索引
判例索引

凡　　例

1　法　　令
商法については条・項・号数のみを表示し，法令名は省略した。
その他の主要な関係法令名は，下記の略語を用いた。→の右側が正式名称。

　　会社→会社法
　　商施規→商法施行規則（法務省令）
　　会社施規→会社法施行規則（法務省令）
　　計算規→会社計算規則（法務省令）
　　民→民法
　　会社更生→会社更生法
　　商登→商業登記法
　　金商→金融商品取引法
　　担信→担保附社債信託法
　　保険→保険法
　　保険業→保険業法
　　独禁→私的独占の禁止及び公正取引の確保に関する法律
　　不正競争→不正競争防止法
　　民訴→民事訴訟法
　　民再→民事再生法
　　破→破産法
　　非訟→非訟事件手続法

法令の準用については「→」で表示した。[例] 280 I →254 II

2　判例（判決・決定）
引用した判例については，下記の略語を用いた。→の右側が正式名称。

　　大→大審院　　　最→最高裁判所　　　高→高等裁判所
　　地→地方裁判所　　大法廷判決は［大］
　　判→判決　　　決→決定
　　民録→大審院民事判決録　　　　　　民集→大審院民事判例集
　　民集→最高裁判所民事判例集　　　　刑集→大審院刑事判例集
　　刑集→最高裁判所刑事判例集　　　　下民集→下級裁判所民事裁判例集
　　裁判集民事→最高裁判所裁判集民事　金判→金融・商事判例
　　判時→判例時報　　　　　　　　　　判タ→判例タイムズ

「論点」において判例をあげた場合，参考文献として「商法（総則・商行為）判例百選　第5版」（有斐閣ジュリスト別冊）を「百選」，「商法の争点」Ⅰ・Ⅱ（有斐閣ジュリスト増刊）を「争点」としてそれぞれの掲載誌における番号を併記してあげた。

第1編 総論

第1章 商法の意義

I 形式的意義における商法

　形式的意義の商法とは，「商法」と呼ばれる法律（明治32年3月9日法律第48号）を意味する。
　この別名「商法典」は，3つの編から成っている。第1編は「総則」であり，商人についての定義規定をおき，商人が用いる商号や商業帳簿などの物的設備，そして商人の営業を支える商業使用人などの人的設備について定めている。第2編は「商行為」であり，商事売買や運送といった商取引について定めている。第3編は「海商」であり，海上企業の組織や活動さらには海上損害について規定している。

II 実質的意義における商法

　実質的意義における商法とは，商法として統一的に把握される特定の法域をいう。実質的意義における商法には，商法典のみならず，会社法や商業登記法等の数多くの商事特別法，さらには商慣習法も含まれる。
　このような商法の独自性はどこにあるのかという問題意識から，実質的意義における商法の本質が探求され始めた。
　これを始めたのは，ドイツの学説である。例えばドイツ商法学の生みの親であるレヴィン・ゴルトシュミット（Levin Goldschmidt 1829-1897）は，商法における商とは「財貨の転換の媒介に向けられた営利活動である」と説いた。しかし，わが国の商法典では，その規制対象は「媒介」よりも範囲が広く，例えば撮影に関する行為（502⑥）も商行為とされている。このため，古くは松本烝治博士により，

商法の対象を統一的に把握するのは不可能であり，商法典が商として定める事項が商法の対象であり，商法とはかかる意味での商に特有な法規の全体であると説かれるに至った。

　かかる形式的商法把握論（実証説と呼ばれる）に対し，独自の商法本質論を展開したのが，田中耕太郎博士であった。田中博士は，商法の特質は一般私法上の法律事実が受ける色彩によるとし，商法は商的色彩を帯びている私人間の法律関係を規定するという点で，民法とは区別されると説く。田中博士によると，商的色彩とは，「商法上の法律事実に通用な技術的性格」であり，具体的には「専門化された営利活動である投機売買から演繹されるべき特性であって，集団性および個性喪失をその主要内容とするもの」である。

　商的色彩論は，商法の本質というテーマに，独創的思考方法によって挑戦する画期的な試みではあったが，商法をその他の一般私法から区別する基準となる「商的色彩」の内容が漠然としているという批判を受けた。

　これに代わって，現在の通説となっているのが，商法＝企業法説である。これは，近代以降に飛躍的に発達した企業を商法の対象とみて，実質的意義の商法を企業に関する法と考える説である。この考え方はもともとスイスのバーゼル大学のカール・ヴィーラント（Karl Wieland 1864-1936）によって提唱された考え方であった。ヴィーラントは1921年の『商法論第一巻』において，当時の経済学説の影響下で，企業を「不定量の財産増加を実現するため経済力を投ずること」と定義し，かかる意味での企業が実質的意味での商法の対象すなわち法律的意義における商であると説いた。かかる学説を出発点として，西原寛一博士は，わが国で商法＝企業法説を展開した。西原博士は，企業を「一定の計画に従い継続的意図をもって営利行為を実現する独立の経済単位」と定義し，かかる意味での企業に特有の生活関係を対象とする私法が実質的意義における商法であると説いた。西原博士によると，実質的意義の商法は学問的立場に立つものであって，統一性・体系性を主眼におくのに対して，形式的意義の商法（商法典）は法律政策的立場に立つものであって，実際性・便宜性を本位とする。しかし両者は無関係というわけではなく，歴史的には形式的意義の商法の発生および変遷が，実質的意義の商法の検討を刺激してきたし，実質的意義の商法の研究は，形式的意義の商法の改正または解釈に際して，有力なる指導精神を与えうる。

しかし，通説たる商法＝企業法説にも次のような問題点が指摘されている。まず，①形式的意義の商法の規制対象でありながら，企業には属さないものが存在する。例えば，商法501条は企業活動として行われなくとも商行為とされる「絶対的商行為」を列挙しているが，この「絶対的商行為」の中には，非商人が1回限りで行う投機売買（501①②）のように，商法典の規制対象とされているが企業とは無縁のものがある。反対に，企業でありながら，商法典の規制に服さない企業も存在する。これには，②農林水産業などの原始産業を営む個人企業，③医師・弁護士などの自由業，④通信業がある。

　商法＝企業法説は，これらの問題点に対して，元来商法典の制定は，必ずしも純粋に理論的見地に立って行われるのではなく，沿革的事情や立法政策ないし立法技術的考慮を免れないため，これらの例外現象が生ずるのはむしろ当然であると反論する。すなわち，①「絶対的商行為」が商法典の中に混入しているのは，商法典成立当時の階級撤廃の思想に基づく。②原始産業に属する企業が商法典の適用から除外されているのは，商法が経済上の商から発達した歴史事情による。③自由業が商法典の規制から排除されているのは，医師・弁護士等の職業は本来営利のみを目的として行われないためである。④通信業は，新しい種類の企業であるため，商法典制定時に立法者によって考慮されなかった，と説明されている。

　手形法・小切手法が実質的意義の商法といえるかについては争いがある。商法501条4号により，手形小切手に関する行為が絶対的商行為とされているので，手形小切手に関する行為が商法典の規制対象に属することは明らかであるが，一般人も手形小切手を利用できる現在においては，手形法・小切手法は，実質的意義の商法の範囲に属しないと解する説もある。

　しかし，①手形小切手が沿革的に企業関係において発達してきたこと，②現在でも手形小切手は企業間取引に関して最も多く利用されていることを理由として，手形法・小切手法を実質的意義の商法に含める見解が多数説となっている。

Ⅲ　商法と他の法律との関係

　わが国の法体系では，ひろく市民生活・経済生活一般を規制する私法として民法があり，商法は企業生活関係に特有な私法の総体である。企業生活関係につい

ても，経済生活一般の規定は民法に任せ，商法は特に企業生活関係として特殊な規制を要する面のみを規制するのであり，この意味で民法と商法は一般法と特別法の関係にある。したがって，商法は，まず民法の一般規定に対する特則を規定する。例えば，商法上の代理では民法上の代理の原則である顕名主義（民99）が採られないこと（504）は，民法の一般規定に対する特則を商法が定めるものである。また，商法は，民法の規定を補充する規定（例えば，685と民87Ⅰなど）をおく。さらに，商法は，民法上の制度を特殊化した制度についての規定をおく。例えば，商法の商業使用人（20以下）・代理商（27以下）・運送営業（569以下）・倉庫営業（599以下）・問屋営業（551以下）などは民法の代理（民99）・契約（民521以下）を特殊化したものである。さらに，例えば商業登記（8以下）・商号（11以下）といった，民法に存在しない特殊な制度を，商法が設けている場合もある。なお，企業関係事項について，商事特別法令もなく，商法典にも規定なく，しかも商慣習（法）も存在しないときには，民法の一般規定が適用される（1Ⅱ）。

　民法と商法には歴史的に交流がある。ドイツの実務家法曹ヤコブ・リーサー（Jakob Riesser 1853-1932）により提唱された「民法の商化（Kommerzialisierung des bürgerlichen Rechts）」と呼ばれる現象がそれである。「民法の商化」は，2つの方向においてみられる。まず，第1に商法において確立した法原則が民法に移されるという現象がある。この現象の代表例としては，かつて商法上の原理であった「契約自由の原則」が，後になって民法の一般原理としても確立したことがあげられる。第2に，民法に属する法制度が商法の規制の下に移されるという現象もある。例えば，民法が規制していた産業が後になって商法によって規制されることがある。すなわち，わが国では，鉱業は，元来商法典の中では規制されず，民法典の中で規制されていたが，現在では「擬制商人」として商法の適用を受ける（4Ⅱ）。

　かかる民法と商法との密接な関係に着目して，民法と商法とを同一の法典の中で規定しようという学説（これを「民商法統一論」という）が生じ，わが国でも，かつて学説上有力に主張されており，松本烝治博士がこの説を採っていたことは有名である。また，外国には民商法統一論に立脚した立法も存在する。例えば，スイスの債務法（Obligationenrecht）は，民法と商法とを同一法典の中で規定している。

しかし，現在，わが国では民商法統一論に賛成するものはほとんどなく，民商法の統一には困難が指摘されている。すなわち，民商法統一論は，単に法形式上の問題にとどまらず，商法の独自性を否定するものであると批判されている。通説によると，商法は「民法の商化」によって独自の領域を失っていることは事実であるが，不断に新しい領域を創り出しており，商法固有の領域は消滅せず，民商法は並存し続けると考えられている。

会社法とは会社の設立，組織，運営および管理に関する法であり（会社1），実質的意義の商法に含まれる。平成17（2005）年に会社法が成立し，商法典の一部であった会社法は商法典から独立した法典になった。この会社法と商法典との関係はどう理解されるであろうか。規制対象の観点からすると，会社法は会社のみを規制対象にするのに対し，商法典の総則編については会社および外国会社以外の商人を対象とすると，一応の規制領域の区別はあるが，商法典の商行為編と海商編は，会社の行為も規制対象としており，会社法と商法典は一体として「企業法」を形成している。しかし，商法1条1項の適用問題としては，会社法はあくまでも商法の「特別法」であり，商法典に優先して適用される。一例としては，会社に適用されるべき商号および会社の使用人等の総則については会社法に特別規定があり，商法典の総則編は会社には適用されない（11）。しかし，会社の行為は商行為であり（会社5），会社による商行為に対しては商事に関する一般法である商法典の商行為編が適用される。

商法と労働法との関係については，わが国では，両者は明確に異なる分野であると考えられている。商法と労働法は，規制対象と規制理念を異にする。企業に雇用されている個人と企業との関係は，使用人として企業を代理するという代理関係と労働者として企業に従属して労務につくという賃労働関係とに分けられるが，商法は，この中でも代理関係のみを取り上げ，これを取引の安全と取引の円滑化という理念に基づいて規制する。これに対して，労働法は，労働者が企業に従属する関係である賃労働関係を取り上げ，これを労働者の生活擁護という社会政策的理念によって規制する。

経済法としては，「独占禁止法」を中心として，保険業法・金融商品取引法などの「業法」，消費者基本法や割賦販売法などの「消費者保護法」があげられる。商法と経済法との関係については，いろいろな考えが出されているが，次の2点

で異なると一般的に考えられている。第1に，商法と経済法とは規制対象を異にする。商法は企業のみを対象にするのに対して，経済法は経済活動全般を対象とする。例えば，経済法は，企業とは関係のない個人の消費活動や，企業の形態を採っていない農林水産業も規制する点で，商法よりも規制対象が広い。第2に，商法と経済法とは規制理念を異にする。商法は「営利性」を本質とし，個々の経済主体の利益を基礎にして，それら主体相互間の利益の調整を行うのに対して，経済法は，「公共性」が前面に出され，国民経済全体の利益を基礎にして，個々の経済主体の組織および活動に規制を加えるものである。

第2章　商法の基本概念

　Aがインターネットを使った事業を個人で行いたいと思っているとする。かかる事業には，商法の適用があるのか？　もし，この事業が商行為に該当し（501・502参照），Aが商人となるならば（4Ⅰ），Aは商人として，商号を利用することができ（11Ⅰ），自己の商号を商業登記簿に登記することができ（11Ⅱ），また，商業帳簿を作成しなければならないことになる（19Ⅱ）。これらはAの取引社会での信用の向上に貢献しうるが，商業帳簿作成義務の履行のためには費用がかかる。

　このように，ある事業について，商法の適用があるのか否かは，事業を行う当事者にとっては極めて重大な問題である。したがって，ある取引についてどちらの法律が適用されるかについて，取引の当事者が予測できなければならない。そこで商法を適用するにあたって，その適用基準を明確にすることが重要になる。

　商法は，その適用上基準となる基本概念を「商人」と「商行為」とに求める。

　一般に商行為および商人の概念を定めるにあたっては，まず商行為概念を定めてこれから商人の概念を導き出す立法主義と，逆に商人概念を定めてこれから商行為概念を導き出す立法主義とがある。商行為の概念を定めてこれから商人概念を導き出す立法主義のことを，商行為が基本であることから，「商行為法主義（客観主義）」という。商人概念を定めてこれから商行為の概念を導き出す立法主義を，商人が基本であるという意味を込めて「商人法主義（主観主義）」という。

　フランス商法およびドイツ旧商法（ADHGB）は商行為法主義を基本としている。これに対して，ドイツの現行商法典，すなわちドイツ新商法（HGB）は商人法主義を採用している。

　わが国の商法典は商行為法主義を基本とするが，厳密にみると商人概念および商行為概念の2つが商法典の基礎となっており，商行為法主義的要素と商人法主義的要素とを併せもった「折衷主義」を採用している。すなわち，商法4条1項

は，「この法律において「商人」とは，自己の名をもって商行為をすることを業とする者をいう」と定めて，商人概念が原則として商行為概念から導き出されること，すなわち「商行為法主義」を基本とすることを示しているが，この例外もある。商法4条2項は，「店舗その他これに類似する設備によって物品を販売することを業とする者又は鉱業を営む者は，商行為を行うことを業としない者であっても，これを商人とみなす」として，商行為概念を基礎としないが商人とみなされるもの（擬制商人）を規定している。この商法4条2項は，商行為法主義の弱点を補うために，昭和13（1938）年の商法改正で新設され，平成17（2005）年に改正された規定である。すなわち，①従来の商行為の列挙という方法では，原始生産者の行為には商法は全く適用されない，②商行為の限定列挙という方法では経済の発展によって新たに生ずる業種には対応できない，という2つの問題の解決のため，経営の形態・企業設備に着目して，商行為概念を基礎としないが商人とみなされるものを認めた。この改正により，わが国の商法は，商人法主義（主観主義）に一歩近づいたといわれる。また商法503条は「商人がその営業のためにする行為は，商行為とする」と定めて，ある種の商行為（附属的商行為）が商人概念からも導き出されるとしている。

第3章　商法の歴史

I　世界の商法の発達

　古代においても個々の商事制度ないし規定は存在したが，独立の法部門としての商法は存在していなかった。近代商法の先駆は，地中海貿易の発達に伴い成立したイタリアを中心とする地中海沿岸の商業都市の商人の間に形成された慣習法であった。これらの慣習法はやがて都市法に取り入れられていった。またその内容は，初めは行政法的および訴訟法的なものであったが，次第に私法的規定も増加していった。これらの慣習法は，都市の商人組合の規約に収録され，組合員たる商人に適用された。ドイツ商人が海外において結成したハンザ同盟に属する諸都市の商人のギルドにおいても，同様の自治法の成立がみられた。この時期の商法は，商人のための階級法というべきものであった。商号や商業帳簿など現代の商法が備えている多くの制度はこの時期に起源を有する。

　商法学の起源も中世以降にあった。その担い手は神学者であった。教会法は「何物をも求めず貸し与えよ」（ルカ伝6章35節）という宗教的掟を利息禁止法令として一般的に適用しようとしていたが，この利息禁止の教理から，商取引活動を擁護ないし批判することによって，商法学は生まれ育った。しかし，この時代の商法研究は断片的であり，深いものではなかった。

　中世の封建制度が崩壊し，中央集権国家が成立し，ギルドや都市経済に代わって国家経済が現れるに至り，商法もその性格を変化させる。商法は16世紀頃から次第に従来の商人団体の自治法たる性格を失い，国家法の中に吸収されるようになった。1794年のプロイセンの一般ラント法は体系的な商法の規定を有していた（475条以下）。その制定により，プロイセンに関する限り，手形法と海法をも包括する世界最初の商法の法典編纂が成就することになるのであるが，この法律も商

人階級の法という立場を脱していなかった。

　真に近代的商法の名に値する立法は1807年公布のフランス商法典である。この法典は，フランス革命の平等思想に基づき，国民の全階層を包含する民法典とともに，これまでの商人階級の法としての商法の立場を脱却し，商に対する特別の法典として制定されたという点に画期的意義を有する。フランス商法典は，商行為法主義の立場を採り，「商行為を営みこれにより通常の営業をなす者」を商人として（1条），その権利義務を定めた。フランス商法典は，その内容の優秀性において諸外国の立法に大きな影響を与えた。

　フランス商法典に次ぎ近代的商法として成立したのは，1861年の普通ドイツ商法典（ドイツ旧商法）である。普通ドイツ商法典は，フランス法にならい，商行為法主義を原則として採用し，商行為を業として営む者を商人と定義し（4条），商行為として絶対的商行為（271条）と営業的商行為（272条）とを列挙していた。しかし，商人が営業のためにする行為も商行為とみなすこととし（附属的商行為，273条），これに商法を適用した。この意味で，普通ドイツ商法典は厳密には折衷主義の立場を採用していた。この普通ドイツ商法典は，わが国の現行商法のモデルとなった。

　1871年にドイツ帝国が成立し，民法典編纂が始まると，商法典も，その特別法として規定を改める必要性が生じた。1897年，ドイツ帝国商法典（ドイツ新商法）が成立し，1900年に民法典と同時に施行された。ドイツ新商法は，フランス商法典を受け継いだ商行為法主義を捨て，商人法主義の立場を採り，絶対的商行為を廃止し，商法を「商人の特別法」とした。1998年にはドイツ新商法の商人の規定につき小改正があり，現在では商人は非常に単純に定義されている（1条1項）。

　オーストリアは，ドイツ法系の商法典を有していたが，2005年の改正により従来の商法典に代わり「企業法典（Unternehmensgesetzbuch）」を制定した。この商法＝企業法説に基づく立法が，今後世界の商事立法にどのような影響を及ぼすのか注目される。

　現在諸国の商法は，フランス法系，ドイツ法系，イギリス法系の3つにほぼ大別することができる。判例法主義を採るイギリスでは包括的商法典は存在しないが，会社法をはじめとして商事に関する多数の成文法が制定されている。商事に関する立法権が各州にあるアメリカ合衆国にあっても，統一商法典が存在し，現

在ルイジアナを除くすべての州に採用されている。また，州際通商および外国通商に関する事項については，連邦法として制定された成文法が存在する。

II 日本の商法の歴史

　日本では，江戸時代に商事制度は相当に発達を遂げていたが，商取引に関しては慣習法が支配していた。現在の日本の商法は，日本の伝統的商慣習とは全く無関係に明治維新後急激な経済体制の資本主義化に伴い，外国から輸入されたものである。

　明治政府は，経済の近代化のためにはまず企業の近代化を実現する必要があり，全国8か所にそれぞれ通商会社と為替会社（一種の金融機関）とを設立して特別の保護を与えた。また明治5（1872）年には，国立銀行条例が発布され，翌年にはわが国最初の株式会社である第一国立銀行が設立された。しかし，この時点では，会社に関する一般法規はなかった。やがて統一的商法典が必要ということになり，ドイツ人ヘルマン・ロェスレル（Carl Friedrich Hermann Roesler 1834-1894）に命じて起草させた商法草案を基礎として，明治23（1890）年に公布されたのが，いわゆる旧商法である。

　しかしその施行をめぐって抗争があり（法典論争），一部が明治26（1893）年に施行されただけで他は施行を延期され，結局明治32（1899）年に新たに公布されたのが現行商法（新商法）である。それはドイツ旧商法にならい，折衷主義を採っていた。

　その後，商法は数多くの改正を経て，現在に至っている。改正のほとんどが会社法に関する事項である。戦前には，日露戦争後の泡沫会社の乱設に対応するための改正（明治44〔1911〕年）や，第一次世界大戦後の日本経済の飛躍的発展に対応するための株式会社法の改正（昭和13〔1938〕年）が行われた。戦後には，アメリカ法にならい，授権資本制度や取締役会制度を導入した株式会社法の大改正（昭和25〔1950〕年）が行われた。平成13（2001）年と平成14（2002）年には，額面株式の廃止や委員会等設置会社の導入を柱とする株式会社法の大改正が行われた。商法総則関連での戦後の大きな改正としては，昭和49（1974）年の商業帳簿の改正があげられる。これにより①商業帳簿の作成に関する規定の解釈については公

正な会計慣行を斟酌しなければならないとされ，②貸借対照表は会計帳簿に準拠すること，③財産目録を商業帳簿から削除し，④財産の評価方法についても従来の時価以下主義が変更された。さらに，近年の企業実務の電子化を背景に，平成13（2001）年には，従来書面により作成することを義務付けられていた会計帳簿または貸借対照表を，電磁的記録をもって作ることができることとした。

　また，平成17（2005）年には，会社法の制定に伴い，商法典の大改正が行われた。これにより，①従来商法典におかれていた会社法が独立の法典となり，②商法典の文言も従来のカタカナ文語体からひらがな口語体へと変更され（ただし商行為編第4章匿名組合まで），③商法典の総則編も，会社以外の商人を対象とする規制へと変更され，④類似商号規制の廃止などが行われた。

　平成20（2008）年には，保険法が制定され，商法典の商行為編第10章保険（629〜683）は削除された。

　平成29（2017）年には，民法典の債権法改正に伴い，商事法定利率や商事消滅時効の削除などを内容とする商法典の部分改正が行われた。

　平成30（2018）年には，運送・海商に関する商法典の大改正がなされた。

　なお，会社法の主要改正一覧表については，『プライマリー会社法（第4版）』の表を参照されたい。

第4章 商法の特色と傾向

　商法は一般私法である民法に対してさまざまな特色をもっているが、これらは内容上の特色と発展傾向上の特色とに分類できる。

I　内容上の特色

1　企業活動に関する特色

　（1）　**営利主義**　　企業活動は利潤獲得を目的として営まれる。営利性は企業の本質である。商法の基本概念である商行為・商人・会社はその営利性を前提としている。その他、商法は一定の場合営利性を強調している。例えば、①商人が、その営業の範囲において、他人のためにある行為をなした場合、相当の報酬を請求することができる（512、無償を原則とする民648 I 対照）。②商人間で金銭の消費貸借をした場合、貸主は法定利息を請求することができる（513 I、特約がない場合無利息とする民589 I 対照）。③商人が、その営業の範囲内において、他人のために金銭の立替えをしたときは、その立替えの日以後の法定利息を請求することができる（513 II、事務管理に基づく場合には無利息を原則とする民702 I 対照）。

　（2）　**自由主義**　　企業は誰とでも自由に契約を締結することができる。契約につき特別の方式を必要としない。企業取引において当事者は契約の内容を自由に決定できる。企業活動はいつでも、自由に開始・終了することができる。また、企業活動をなす前提として、各人はどのような企業形態を選ぶか自由に選択することができる。商法典は、かかる企業活動に関する自由主義について正面から規定していないが、商法の当然の原則となっている。この自由主義は、各個人は、その欲するところに従って法律関係を自由に形成させることが、その個人の利益になるだけでなく、社会・経済の発展にも資するという考えを前提としている。商法典では、例えば商取引に関する規定で任意規定と明言されているものがある

が（521），これは商法の契約自由主義の例である。

（3） **迅速主義** 営利のためには，取引の大量・敏速な処理が要請される。したがって，民法の一般規定に比べ，商法は取引の成立・終了についていわゆる迅速主義を旨とする規定を設けている。

迅速主義を体現する商法上の規定としては，以下のものがある。まず「契約締結の迅速化」を図るものとしては，隔地者間における契約の申込みの効力（508，民525対照）や契約の申込みに対する諾否通知義務（509）に関する規定があり，次に「契約の履行の迅速化」を図る規定としては，売主の競売の要件の緩和（524，民497対照）があげられる。さらに，「契約関係処理の迅速化」を目的とする規定としては，定期売買の当然解除（525），などがある。

（4） **公示主義と外観主義** 商法は，取引の安全を保護するため，商業登記（8，会社907），会社における公告制度（会社939）などを設けて，取引上重要な事項を公示させることにより，関係者が不測の損害を被ることを防止している（公示主義）。

また，商法は，同じく取引の安全を保護するため，取引相手は，契約の相手方の内実を調査しなくとも，取引相手の外観を信頼することができ（外観主義），さらにかかる外観をつくりだした者は，責任を負わされることがありうるとしている（権利外観法理，禁反言の原則）。外観主義の商法上の現れとして，不実の登記による責任（9Ⅱ，会社908Ⅱ），名板貸人の責任（14，会社9），表見支配人制度（24，会社13），自称社員の責任（会社588・589），表見代表取締役制度（会社354），商号の使用を許諾した匿名組合員の責任（537）などがある。

（5） **厳格責任主義** 商法は取引の安全のため企業者の責任を強化する規制をおいている。かかる責任強化の例として，場屋の主人の受寄物に対する責任等の「無過失責任」（594）があげられる。また商法典は商行為による債務（511Ⅰ）や相次運送人の損害賠償責任（579）につき，これを「連帯責任」として，民法上の分割債務の原則（民427）より責任を厳格化している。

2 企業組織に関する特色

（1） **資本の集中** 企業がその活動を行うには多額の資金を必要とする。商法は，匿名組合（535），各種会社の制度（会社2①），船舶共有（693），船舶抵当

権（848）などを設けて，企業が資金調達を行いやすいようにしている。

（2） **労力の補充**　働く人なくして，企業は成り立たない。人は企業の不可欠の構成要素である。商法は企業の各種の使用人の雇入れを可能にするため，商業使用人（20，会社10），代理商（27，会社16），仲立人（543），問屋（551），船長（705）などの制度を設けている。

（3） **危険の分散**　商法は社会に存在する多額の小規模資本を集中するよう法制度を設けているが，そのためには少額の資金しかもたない者でも安心して会社に出資できるような仕組みを整えなければならない。株式会社では，会社に出資してその社員（株主）となっても，会社債務に責任を負わなくてよいようになっている（会社104）。これは出資者の危険を合理的に分散して資本の集中にも資する仕組みである。

（4） **企業の維持**　企業が存立するためには，人的物的諸力を結集し，かつ損失の危険を分散しなければならない。また，いったん成立した企業については，その維持を図り，企業解体による無益な価値の喪失を防止することが要求される。

商法は，まず企業の存立を確保するため，家計と企業とが区別されるための制度を設けている。かかる制度としては，まず商号（11，会社6）があげられ，これにより企業が取引上個人とは区別される。また商業帳簿（19）により，企業の財産が個人の財産とは別個に管理できるようになっている。さらに，成立した企業が解体されることを回避するため，営業（事業）譲渡（15 I，会社21）や会社の合併（会社748）が認められている。

II　発展傾向上の特色

1　進歩的傾向

商法は民法と比べて進歩的であり，時代の変化に対応して発展していくという特徴をもっている。これはなぜであろうか。民法の中でも物権法・家族法は，普遍的道徳を基礎にしたものが多く，また債権法も，取引関係を一般的・抽象的に規制しているため，法の内容と現実とが乖離していくことは少ない。しかし，商法が規制の対象とするビジネスは，日々絶えず変化し発展していく。このため，商法においても，現実の変化に応じて，進歩発展していくことが必要になってく

るのである。また，商法は，立法技術として進歩していく。例えば，株式会社の運営や資金調達の仕方をどうするのかという問題に対して，商法は，その国の企業の国際的競争力を向上させるため，新しい合理的な制度を創造していく。商法の進歩的傾向は，商法改正が民法改正に比して，はるかに頻繁に行われたという事実が証明している。

　また，商法は，いわば私法の開拓者として，新しい制度を私法にもたらすリーダーとしての役割ももっている。契約自由の原則や契約の不要式などの原則は，初め商法において発達したが，現在では私法全体を貫く一般原則となっている（「民法の商化」）。この場合商法は民法に対する勝利者であるといわれる。

2　世界的傾向

　経済現象から生ずる法則がすべての人類に通じるものであるように，経済的需要を充足する法律も多かれ少なかれ内容を同じくする傾向がある。商取引においては契約自由の原則や不要式主義が認められるが，逆に手形については定型性が重視されることは，普遍的原理と認めることができ，商取引が存在し手形制度が要求されるすべての社会に妥当する普遍的原理である。

　私法において，家族法や相続法は民族の歴史や伝統に基礎をおいているため，国際的統一が困難であるが，商法や債権法は国際的統一が可能である。

　国際取引の発達に伴い，各国商法の内容が異なることによる取引上の不便を解消するため，国家によって自覚的に商法が統一されることも多い。EUでは，EU域内の会社設立の自由を実現するため，加盟国の会社法の内容が同一になるように指令より調整されている（EU運営条約50条2項g）。わが国でも，外国法の継受により（商法典の制定），また国際的標準約款の形成により（共同海損に関するヨーク・アントワープ規則），あるいは国際的統一条約によって（手形法・小切手法の統一条約），商法の国際化が実現されている。

第5章　商法の法源

　法源とは，法の存在形式の意味で，法の解釈適用にあたって援用することができる法形式のことである。そして商法の法源とは，実質的意義の商法に属する法規の各種類を意味する。これには以下の種類のものがある。

I　制　定　法

　商事制定法の中心的存在は，商法という名称を付して制定された法典すなわち商法典である。わが国の現行商法典は，3編850条から成り立っている。具体的には，第1編総則，第2編商行為，第3編海商である。

　ほかに，商事特別法がある。これにはまず商法典の規定を補充または変更する特別法令として，会社法（平成17法律86），手形法（昭和7法律20），小切手法（昭和8法律57），などがある。次に商法典および会社法の規定を施行し具体化する特別法令（付属法令）として，会社法の施行に伴う関係法律の整備等に関する法律（平成17法律87），会社法施行規則（平成18法務省令12），会社計算規則（平成18法務省令13），などがある。

II　商　慣　習

　商慣習（法）とは商事に関する慣習法である。商法は沿革的には断片的な商慣習法として発達したものであるが，近代に入って商取引がいっそう活発になり，また中央集権国家が成立するや漸次制定法化されるに至ったものである。商法の規制の対象である企業活動は，利潤を求める商人の合理的精神により絶えず新しい創意工夫が求められ，進歩発展してやまない。ここに商事に関する成文法をもつに至った後にも，経済の新しい需要に応じて，成文法を補うものとして商慣習

法が不断に発生する理由がある。商法1条2項によれば，商事についてはまず商法典を適用し，商法典に規定がないときには商慣習を適用し，商慣習もないときには民法を適用することになっている。

商慣習（法）は法典の不備を補充しあるいは法典を改廃していく基礎をつくっている。日本の裁判所が認めた商慣習法としては，白紙委任状付記名株式の譲渡（大判昭19・2・29民集23・90〔百選1〕），白地手形（大判大15・12・16民集5・841），再保険の場合における代位権行使に関する商慣習法（大判昭15・2・21民集19・273）等があり，また海商法の分野においては世界に妥当する多くの商慣習の発生をみている。

商慣習法は事実たる商慣習とは異なると考えられてきた。事実たる商慣習は，事実上の慣行にすぎないので，当事者がこれによる意思を有するものと認められる場合にのみ考慮されるのに対して（民92），商慣習法は法規範たる性格を有するものであるから，当然にその適用がなされる。事実たる商慣習は法的確信が加わるとき，すなわち慣行（くりかえし）によって規範として確定されたときに慣習法となる。商慣習法も法であるから，裁判所が商慣習法に違反して判決を下したときは，法の解釈を誤ったものとして上告理由になる（民訴312Ⅲ）。平成17（2005）年改正商法1条2項は，従来の「商慣習法」という意味で「商慣習」という言葉を用いていると解される。

Ⅲ 商事自治法

商事自治法とは，商事について団体が構成員に対して自主的に定める法規を意味するが，これにも商法の法源としての効力が認められる。これには，①会社の定款，②証券取引所の業務規定，③普通取引約款がある。

会社の定款とは，主として会社の組織および活動を定めた根本規則を意味し，会社法はその作成を要求するとともに（会社26・575），一定の場合には，定款の規定が会社法の規定に優先することを定めている（会社590Ⅰ）。取締役が法令および「定款」を遵守すべきことを定めた会社法355条は，定款の規定が拘束力を有する旨を定めたものと解されている。これらを根拠として，定款が商法の法源であることは疑いがないことと解されている。会社は，商法その他の強行法規に

反しない限り，定款によって自由に会社の組織や活動について規制することができるが，定款の法的拘束力の及ぶ範囲は，社員と会社の機関等に限られる。なお，会社が定款以外に自治的に定める「取締役会規則」なども，商法の法源として認める見解もある。

　金融商品取引所の業務規程とは，開設している金融商品市場の業務や会員による取引に関する細則を定めたものであるが，金融商品取引所の定款の細則にあたる。これは金融商品取引法により作成を義務付けられたものであり（金商117），また，金融商品取引所における取引は，商法501条3号が規定する絶対的商取引であるので，これを規定する金融商品取引所の業務規定も商法の法源であると解されている。

　普通取引約款とは，保険約款や運送約款のように，企業がその業種に属する多数の契約の締結を合理化するためにつくられた，特定種類の取引に画一的に適用される定型的な契約条項を意味する。普通取引約款の内容は，契約の種類によって異なるが，契約から通常生ずべき当事者の権利義務や契約不履行の場合の制裁・契約の存続期間などの条項を含むのを常とし，免責条項などを含んでいる場合もある。

　現在の普通取引約款は，19世紀以来の高度資本主義が生み出したものであり，契約が大量に締結されるようになり，契約の締結を迅速確実にするために発生してきた。普通取引約款が使われる理由はさまざまであるが，企業が約款を利用する理由の1つとしては，約款に規定されている免責条項を享受することができることがあげられる。その他にも，公的規制を受ける公企業が顧客を平等に取り扱う必要から約款を使用する場合もある。

　約款は普通保険約款などのように企業が一方的に作成するのが普通であるが，企業者団体とその取引相手の団体とが共同して作成する場合もあり，また，学会のような中立的第三者が作成する場合もある。

　約款を商法の法源とみることができるかについては争いがある。これは約款の本質論として争われてきた問題である。これまで展開されてきた約款の本質に関する諸理論を大別すると，約款を法規範とみるか，あるいは契約規範とみるか，のいずれかに帰着する。そして前者の立場では，約款が商法の法源の一種であると解するが，後者の立場では約款の法源性は否定される（詳しくは，論点1参照）。わが国の判例は，火災保険契約につき，当事者双方が特に普通保険約款によらな

い旨を表示しないで契約したときは，反証のない限り，その約款による意思をもって契約したものと推定すべきであると判示している（大判大 4・12・24 民録 21・2182〔百選 2〕）。

Ⅳ　商 事 条 約

　条約とはひろく国家間の合意であり，本来的には国家を拘束する。しかし，条約も，公布されることにより，国内法と同様の効力を有すると解されている。条約の中にも，自動執行条約（self-executing treaty）があり，商事関係を規律するものは，商法の法源となりうる。このようなものとしては，「国際航空運送についてのある規則の統一に関する条約」（いわゆるワルソー条約）（昭和 28 条約 17）があげられる。しかし，「為替手形及約束手形ニ関シ統一法ヲ制定スル条約」（昭和 8 条約 4），「小切手ニ関シ統一法ヲ制定スル条約」（昭和 8 条約 7）などは，締結国に特定内容の法律を制定すべき義務を負わせるにすぎず，商事条約ではあるが商法の法源とは認められない。かかる条約は公布されても，商法の法源とはならず，条約の履行として制定された手形法・小切手法だけが商法の法源となる。

論点 1　約款の法源性
　約款の法源性に関する学説・判例の立場は，以下のように分類できる。
① 　法律行為理論　　約款による取引も通常の契約と同様に法律行為の所産と解する説である。この説によると契約当事者は約款の内容を十分に認識していなければならない。この理論をそのまま適用すると，約款についての当事者の知・不知という主観的事情によって，契約の有効性が左右されることになる。この不都合を回避するには，約款による旨の当事者の意思の推定または擬制という解釈技術を施さなければならない。
② 　商慣習法理論　　この説には，約款の内容が商慣習になっていると解する説と，「約款によること」が商慣習法になっていると解する説と 2 つ存在するが，後説の白地慣習説が学説上有力である。しかし，商慣習法理論によると新種の企業における新約款採用の説明は困難であり，これは約款という新現象に旧来の法源論を援用したことにより，かかる困難が生じていると批判されている。
③ 　自治法理論　　企業とその取引の相手方を含めた一定の取引圏を 1 つの団体と観念し，約款をもってこのような団体が自主的に制定する法規であると解し，独自の法源であることを認める考え方である。この説に対しては，約款は団体がその構成員に対して定めるものではないから，自治法とみることは困難である，との批判がなされている。

第6章　商法の法源の適用順序

　まず，法律の効力に関する一般原則として，条約は制定法に優位する。また，特別法は一般法に優位する。商法1条1項は，商法典が商事に関する法律であることを明言するとともに，商事特別法が，商法典の規定に優位することを定める。したがって，商事制定法・商事条約の適用順序は，①商事条約，②商事特別法，③商法典となる。

　商法1条2項は，商法に規定がないときは，商慣習を適用し，商慣習もないときは民法を適用する旨定めている。この規定は，商法の法源が，商法と商慣習と民法に限られるとする意味ではない。商法1条2項は，商法と商慣習と民法の適用順序を示した点に意味がある。ここでの商慣習には「事実たる慣習」は含まれない。商法1条2項の商慣習とは法の適用に関する通則法（以下，通則法という）3条の意味での「慣習」，すなわち従来「商慣習法」と呼ばれてきたものを指す。

　商法典が民法典に優先することは，特別法が一般法に優先するという原則上当然であり，商法典1条2項の規定をまつまでもないことである。商法典に規定がない場合に初めて商慣習（法）が適用されることも，通則法3条から出てくる当然の結果である。であるから，商法1条2項の意義は，民法典に対し優先する効果を商慣習（法）に認めたことにある。

　商法1条2項は，商事に関して，商法に規定がない場合であっても，直ちに民法を適用することはなく，これに関する商慣習（法）が民法に優先されるとしている。すなわち，商慣習（法）は，民法に規定がない場合ばかりでなく，民法に規定がある場合にも，それを変更する効力が認められる。

　ところで法の効力を一般的に定めたものとしては，通則法3条があり，「公の秩序又は善良の風俗に反しない慣習は，法令の規定により認められたもの又は法令に規定されていない事項に関するものに限り，法律と同一の効力を有する」と定めている。

商慣習が民法という制定法に優位した効力をもつとする商法1条2項と，慣習に対して制定法が優先する旨を定めた通則法3条とは一見相互に矛盾するようにみえる。

　通説は次のように考える。日本では，一般的には制定法優先主義が採用され，慣習法には，制定法改廃力が認められていないが，商法は，通則法3条の「例外」として，特に商事に関しては，商慣習（法）が民法に優先して適用される旨を定めたものである。しかし，反対説（西原寛一博士）が説くように，商慣習（法）は商法1条2項の規定が認めたものであるから，まさに通則法3条にいうところの「法令の規定により認めたもの」という要件を満たして法律と同一の効力を有し，それが民法に優先するのは特別法対一般法の関係より生ずる原則の適用にほかならないと解するのが，論理的な解釈であろう。この反対説によると，商法1条2項の意義は，商慣習（法）に法律と同一の効力を認めたという点にある。

　商慣習（法）と商法との関係であるが，すでに述べたように日本法は一般には制定法優先主義を採用しており，商法1条2項も，商慣習（法）と商法典の関係につき，制定法たる商法典が，商慣習（法）に優先することを定めている。これは，通則法3条が定めた趣旨と一致している。しかし，商法1条2項の規定の存在にもかかわらず，白紙委任状付記名株式譲渡の商慣習法など商事制定法に抵触する商慣習法も発生している。商慣習（法）が，これと矛盾する商事制定法があるとき，慣習法として一切認められないのは妥当でないとして，商法1条2項を削除すべきであるとの立法論もある。

第2編 商法総則

第1章　商人と営業

I　商人の意義

1　総　説

　商法は,「商人」と「商行為」という2つの基本的な概念によってその適用範囲を定めている。「商人」とは,法的に独立して,企業活動より生じる権利義務の主体となる者をいう。

　「商人」には「固有の商人」と呼ばれるものと「擬制商人」と呼ばれるものとがある。商人概念には,次のような3つの定め方がある。第1は,「商人とは何か」を定めてから,商人がする行為を「商行為」とする立場である（商人法主義）。第2は,「商行為とは何か」を定めてから,それらの行為をする者を「商人」とする立場である（商行為法主義）。第3は,商行為法主義を採りつつ,商人法主義によってそれに修正を加える立場である。これは,広い意味で折衷主義と呼ばれることがある。わが国の商法は原則として商行為法主義を採るものであるが,商行為を離れた「擬制商人」という概念を認めているので,折衷主義を採っているといえる。

2　固有の商人と擬制商人

　固有の商人は,「自己の名をもって商行為をすることを業とする者」と規定されている（4 I）。「自己の名をもって」とは,ある者が,法律行為から生じる権利義務の帰属主体となることを意味する。つまり,ある営業から生じる代金請求権や代金支払債務といった一切の権利義務は,その者に帰属するということである。この場合に,経済的損益の帰属主体である必要はなく,行政官庁への届出の名義人でなくてもよい。また,実際の営業活動が代理人によって行われていても

かまわない。

　「商行為をする」とは，絶対的商行為（501）と営業的商行為（502）として列挙されている行為をすることである。絶対的商行為と営業的商行為は，商人の営業の基本となる行為であるので，これらを合わせて基本的商行為と呼ぶ。基本的商行為は営業目的行為にあたるが，商人は営業目的行為の準備段階として，店舗や金銭の借入行為といった営業のためにする行為をするのが通常である。商法はこれを附属的商行為（503Ⅰ）と呼んで，商行為として取り扱うこととしている。ただし附属的商行為は，商人が営業のためにする行為であって，商人として認められることを前提とするものであるから，商法4条にいう商行為には含まれない。

　「業とする」とは，営利の目的すなわち利益を得る目的で，同種の行為を計画的に反復継続することを意味する。計画的に行うことが予定されていれば，行為が反復されていなくても，初めての行為のみで業としてなされたものとすることができる。営利の目的は反復継続してなされる行為全体にあればよく，個々の行為のそれぞれに存在しなくてもよい。

　固有の商人のように商行為を業とする者のみを商人とすると，農業・林業・漁業といった原始産業を営む者は商行為をしていないから，商人とは認められないことになる。しかし，原始産業を営む者が商人と認められないとすると，次のような不都合が生じる。それは，商行為を業とはしない者であっても，外形的には商行為を業とする者と見分けがつかない場合が考えられるということである。例えば，農作物や水産物を他人から仕入れてきて店舗で販売している者がいたとする。この行為は絶対的商行為にあたるから（501①），この者は固有の商人となる。これに対して，原始産業のように，自分で栽培した農作物や漁で獲った水産物を店舗で販売する行為は商行為にあたらない。しかし，他人から仕入れた物を店舗で販売する行為も，自分で栽培した物を店舗で販売する行為も，外形的には同じに見える。このように外形上は固有の商人と区別できない者を商人と認めなければ，取引相手が不測の損害を被ることになりかねない。また，大規模な設備を用いて営業を行っている者については，その者の行為が商行為でなかったとしても，商人による営業と考えるのが自然である。そこで商法は，固有の商人の概念にはあてはまらないものでも，その経営設備や企業形態に着目すると商人として扱うことが適切と思われるものを擬制商人として，固有の商人と同様に扱うこととし

た。擬制商人も，固有の商人と同様に，営利の目的で自己の名をもって営業を為さなくてはならない。

擬制商人とされるのは，店舗その他これに類似する設備によって物品を販売することを業とする者，鉱業を営む者である（4Ⅱ）。鉱業は鉄などの鉱物を採掘して販売する行為であるが，鉱業を営む者については企業的設備を要件とせずに商人と認めている。これは，鉱業は通常大規模な設備によって営業が行われると考えられたためであろう。

会社については，会社法5条が「会社がその事業としてする行為及びその事業のためにする行為は，商行為とする」と定めている。このように，会社も商行為をなすことから，商法4条1項の固有の商人であるといえる。なお，会社法5条の規定が設けられたことで，平成17（2005）年商法改正前に存在していた「民事会社」の概念は廃棄され，民事会社の行為につき商行為に関する規定（改正前4Ⅱ後段）を準用する必要がなくなったので，改正前商法523条は削除された。

3 小商人

小商人とは，商人のうち，営業のために使用する財産の価額が法務省令で定める金額を超えないものをいう（7）。この金額は，商法施行規則3条2項で50万円と定められている。このように営業規模が小さい商人にまで商法の規定をすべて適用することは，過大な負担を強いることになる。そこで商法は，法中の未成年者登記，後見人登記，商業登記，商号登記，商号譲渡の登記，営業譲受人の免責の登記，商業帳簿，支配人の登記は小商人には適用されないとしている（7）。

Ⅱ 商人資格

1 総 説

自然人は権利能力に制限がなく（民3Ⅰ），年齢，性別，行為能力の有無に関係なく商法4条1項または2項の要件を満たせば商人となることができる。このように自然人は，法律上の要件とされる事実が発生した時に商人資格を取得し，事実が消滅した時に商人資格を喪失する。ただし，商人であっても個人としての私的な活動には民法が適用される。これに対し，法人はその存立目的によって権利

能力が制限されると解されるので（民34），生まれながらの商人である会社を除き，その目的と矛盾しない範囲においてのみ商人資格が認められる。

2　商人資格の得喪

　自然人は，営業活動を行うことによって商人資格を取得する。つまり，営業目的行為には当然に商法の規定が適用されるのであるが，商人が営業設備の購入・借入れや営業資金の借入れといった営業のためにする行為（開業準備行為）を行った後に営業目的行為を行う場合には，営業のためにする行為にも商法の規定を適用することが合理的であるといえる。しかし，営業のためにする行為が附属的商行為（503Ⅰ）として扱われるためには商人資格の存在が前提となるため，開業準備段階において商人資格を認める必要が出てくるわけである。したがって，開業準備段階のどの時点から商人資格が取得されるかは，ある時点の行為に債務保証の連帯性（511）など民法と異なる規定が適用されるかどうかを決定する重要な要素となる。営業目的行為そのものを行う前の段階（開業準備段階）であっても，商人資格を取得すること自体について争いはないが，具体的に開業準備段階のどの時点で商人資格を取得するかについて，判例・学説の見解は分かれている。

　自然人が商人資格を喪失するのは，営業目的行為およびその残務処理が終了した時である。この場合の残務処理行為は附属的商行為とされる。

　会社は設立登記（会社49・579・907）によって資格を取得し，清算結了（会社476・645）によって喪失する。通説は，設立手続中の会社の開業準備行為は附属的商行為とはならないとする。なぜなら，会社は設立登記前に商人資格を取得し

コラム 1　自由職業と営利性の有無

　商人の要件に関連して，医師・弁護士・作家・芸術家といった自由職業人の行う事業に営利目的が認められるかどうかが議論される。この点に関しては，医師が病院を経営して患者を入院宿泊させる場合には，商法502条7号にあたり，芸術家が自作品を店舗で販売する場合については4条2項にあたるため営業と解する説もあり，検討の余地がある。しかしほとんどの場合はこれらの者の行為は商行為（501・502）にも擬制商人の営業（4Ⅱ）にもあたらないといえる。実際の状況を考えれば，主観的には収益を上げることを意図する場合もあろうが，これらの職業は，専門的な知識や技能を要する性格のものであることおよび歴史的経緯・社会通念から考えると，自由職業人の事業には営利目的はないとするのが通説である。

えないからである。会社以外の法人の商人資格の取得・喪失時期は、その商人資格が認められる範囲において、自然人と同様に考えられる。

論点 2　商人資格の取得時期

　開業準備段階のどの時点で商人資格を取得するかについて、かつての学説においては、営業意思が主観的に実現されれば良いとの立場が多数を占めていた（営業意思主観的実現説）。しかしその後学説の考え方は変化し、現在では、営業意思が開業準備行為自体から客観的に認識されなければ商人資格は取得されないとの立場が通説とされている（営業意思客観的認識可能説）。

　これに対し近時の有力説は、商人資格は一時点をもって取得されるのではなく、段階的・相対的に取得されるとする（段階説）。段階説によれば、①営業意思が主観的に実現された段階では、ある行為が営業のためになされたことを立証することによって、行為者の商人資格の取得を相手方のみが主張できる。次に②営業意思が特定の相手方に認識された段階あるいは認識可能になった段階では、相手方も行為者も商人資格の取得を主張できる。この段階において、相手方の認識についての立証責任は行為者に課せられている。最後に③商人であることが一般に認識されうべき段階に進んだ場合には、附属的商行為の推定が生じるとされる。

　初期の大審院判例は、商人資格を取得したというためには、営業の準備行為に加えて営業意思を外部に発表する行為（店舗の開設、開店広告など）が必要との立場をとっていた（表白行為説）。その後の判例は、営業意思主観的実現説に改められ、さらに学説の変遷に伴い、現在の最高裁（最判昭47・2・24民集26・1・172）は客観的認識可能説に近い立場に立つとされる。ただし、単に金銭を借り入れるような行為については、外部から行為の目的が認識しにくいので、相手方がその行為の目的を知っているときに限って、商行為性を認めるとしている。

論点 3　会社以外の法人の商人資格

　会社（営利社団法人）以外の法人には、国や地方公共団体のような公法人、法人格を有する社団または財団で私的性質を有する私法人、そして事業の公共的性格から特別法によって特殊法人とされるものがある。

　公法人の存立目的は一般的・行政的なものであり、その目的達成手段に制限はない。したがって、営利目的で事業を行えば商人資格を取得する。地方公共団体によるバス・電車事業などがこの例にあたる。しかし、公法人の中で、土地区画整理組合などのように特別法でその目的が限定されているものは商人資格を取得しないと解するのが通説である。

　私法人には、営利法人、非営利法人があり、非営利法人は公益法人と中間法人に分けられる。営利法人である会社は商人であり（会社5、商4Ⅰ）、設立登記によって商人資格を取得する。営利法人の「営利」とは、営業活動から得た利益を構成員に分配することであり、収支の釣り合いがとれることを目的とする商人の「営利」とは意味が異なるので（一般社団法人及び一般財団法人に関する法律11Ⅱ参照）、営利法人以外の法人も商人になりうる。したがって、祭

祀・宗教・学術・慈善・技芸など公益事業を目的とする公益法人（民33Ⅱ，公益社団及び公益財団法人の認定等に関する法律参照）は，その本来の目的に関する限り商人性は問題とならないが，必要な資金を得るために収益事業を行う場合は，その限りにおいて商人と認められる。

　特別法が定める各種の協同組合や相互保険会社などの中間法人は，構成員の相互扶助や共通利益の促進・擁護を事業目的とし，営利事業でないことから，その事業目的行為については商人資格を否定するのが多数説である。最高裁は特に信用協同組合（最判昭48・10・5判時726・92〔百選4〕）と信用金庫（最判昭63・10・18民集42・8・575）について商人性を否定する判断を下している。ただしこれらの中間法人についても，付随的に営利事業を行う限りにおいては商人資格を取得する可能性がある。

　公社・公団・公庫といった特殊法人は独立採算制をとるため，収支の釣り合いがとれなくてはならない。したがって，その事業内容が基本的商行為といえる場合には特殊法人も商人資格を取得する。

3　営業能力

　自然人は権利能力に制限がないから，年齢や性別などに関係なく商法4条の要件を満たすことで誰でも商人となりうることは前述した。しかし，営業上の権利義務の主体となることと，自ら営業活動を行って権利を取得し義務を負担することとは区別される。自ら営業活動を行って権利義務の帰属主体となる能力を営業能力といい，営業能力の有無や範囲は民法の行為能力に関する一般原則に従って判断される。しかし取引の安全重視の観点から，商法には若干の特則が設けられている。

　法定代理人の同意のない未成年者の法律行為は取り消すことができるが（民5Ⅱ），法定代理人が一種類または数種類の営業を未成年者が行うことを許可した場合は，未成年者はそれらの営業について成年者と同一の能力を有すると定められている（民6Ⅰ）。このように民法の規定では，未成年者が営業能力を有するかどうかは法定代理人の同意を得ていたかどうかにかかってくるため，取引相手が害されるおそれがある。そこで商法は，未成年者が法定代理人の同意を得て営業を行う場合には，未成年者登記簿への登記を要することとし（5），公示させることで取引の安全を保護している。持分会社の無限責任社員となることを許可された未成年者が，社員としての資格に基づいて行為をした場合には，その行為に関しては能力者とみなされる（会社584）。

　法定代理人は未成年者に代わって営業を営むことができる。親権者が営業を営

む場合には公示は必要ないが，未成年後見人が営む場合は，後見人登記簿に登記して公示することが必要となる（6Ⅰ）。この場合に未成年後見人の代理権に制限を加えたとしても，善意の第三者には対抗することができない（6Ⅱ）。成年被後見人の日常生活に関する以外の法律行為は常に取り消すことができるから（民9），成年被後見人は後見人の同意を得て営業活動を行うことはできない。したがって，営業は後見人が代わって行うことになる。法律的には未成年後見人が営業をなす場合と同様の取扱いがなされるので，後見人登記簿への登記が必要であり，後見人の代理権に加えた制限は善意の第三者に対抗できない。

　保佐人の同意がない被保佐人の営業行為は取り消しうる可能性が高く，取引の安全を害するため，何らかの方法を検討すべきである。しかし保佐人は法定代理人ではないので被保佐人に代わって営業を行うことはできない（家庭裁判所の審判による保佐人への代理権付与は，「特定の法律行為」に限られる〔民876の4Ⅰ〕）。そこで，被保佐人が保佐人の同意を得て支配人を選任し，その者に代わりに営業をさせるべきであるという見解が主張されている。

Ⅲ　営業の意義

1　総　　説

　営業には，主観的意義の営業と客観的意義の営業があり，両者は相互に密接な関係を有している。主観的意義の営業とは，商人の営利活動を意味するものである。これに対し，客観的意義の営業とは，商人の営業上の組織的な財産を意味するもので，一定の営業目的によって組織的・有機的に一体となった財産の集合体である。客観的意義の営業は，暖簾を中心に組織化されることで，個々の財産の総和以上の価値をもっており，客観的意義の営業そのものが取引の対象となる。なお会社については，「事業」という文言が使われる（会社21以下）。

2　主観的意義の営業とその制限

　商人の営利活動は，営業の自由によって保障されている。これは，憲法22条1項が「何人も公共の福祉に反しない限り，居住，移転及び職業選択の自由を有する」と規定する職業選択の自由に含まれるものである。ただし営業の自由が保障

されるのは，公共の福祉に反しない場合に限られるのであって，商人の営利活動には公共の福祉の観点から次のようないくつかの制限が課されている。

　営業を行うこと自体に対する制限として，まずわいせつな文書・図画その他の物の頒布・販売（刑法175），あへん煙またはその吸食器具の輸入・製造・販売（刑法136・137）などその行為自体が禁止されているものや，密輸や賭博場の開帳といった公序良俗に反する行為は，営業とすることができない。これは，一般公益上の理由による制限である。事業の公共性の観点からは，銀行業（銀行法4），信託業（信託業法3），保険業（保険業3Ⅰ）などの営業の開始について内閣総理大臣の免許が必要とされる。また，一般公安・保健衛生の観点から，風俗営業や飲食店営業などの営業の開始にあたって行政庁の許可が必要である。これらに対し，営業の態様についての制限としては，商法上，不正目的による商号使用を制限する規定などがある。さらに不正競争防止法は，不正手段によって営業活動が行われることを防止するための規定を定めている。これらは，営業の自由は不正競争を許すものではないという観点からおかれた規定である。このほか，独占禁止法も，営業における公正かつ自由な競争を確保し，一般消費者の利益を確保するとともに，民主的で健全な国民経済の発達を促進するために事業者に対してさまざまな規制を課している。例えば，事業者が私的独占や不当な取引制限を行うこと（独禁2・3），不公正な取引方法を行うこと（独禁2・19）などを禁止している。

3　客観的意義の営業

　商人の営業上の組織的な財産である客観的営業には，積極財産と消極財産とがある。積極財産には，土地・建物・工場設備などの不動産，器具・商品・現金などの動産，営業活動において取得した質権・抵当権などの物権，代金請求権などの債権，特許権・商標権といった無体財産権などがある。このほか，暖簾関係も積極財産に含まれる。積極財産の1つである暖簾は，企業の長年にわたる営業活動から生まれるもので，伝統や社会的信用，営業上の秘訣，仕入先関係，得意先関係，経営の組織などの価値のある事実関係をいう。客観的意義の営業はこの暖簾を中心に組織化されることで，単なる個々の財産の総和以上の価値を有することになる。消極財産とされるのは，買掛金や借入金などである。なお，商人個人の財産のように，財産であっても営業目的に関係のないものは，客観的意義の営

業に含まれない。

4 営業所

　営業所とは，商人の営業活動の中心となる一定の場所で，営業活動についての指揮命令が発せられると同時に，活動の成果がそこに統一される場所をいう。営業所と認められるためには，内部的のみならず対外的にも営業活動の主要な活動がなされ，営業活動の中心であることが現れていなければならない。単なる物の製造行為や受渡行為が行われたり，取引行為が行われるだけでは営業所とはいえない。また，営業所であるかどうかは商人の主観とは関係ないため，商人がある場所を営業所と表示するだけで営業所と認められるわけではない。ある場所が上述の要件を客観的に満たした場合には，営業所としての取扱いを受けることになり，商人はその場所を営業所でないと主張することができなくなる。

　ある場所が営業所として認められると，次のような効果が生じる。まず，商行為によって生じた債務の履行場所（516）が決定され，次に裁判管轄（民訴4Ⅳ・5⑤）や商業登記についての管轄登記所が決定される（8，商登1の3）。さらに民事訴訟法上の書類の送達場所が決定される（民訴103Ⅰ）。

　商人が複数の営業所を有する場合は，営業全体を統括する主たる営業所を本店，それ以外の営業所を支店と呼ぶ。ある程度独立した営業活動の決定を行うものであれば，「出張所」などの名称が付されていても支店と認められる。会社の場合は，本店の所在地が定款記載事項となる（会社27③・576Ⅰ③）。また，会社の登記は本店所在地と支店所在地の双方についてしなければならない（会社911Ⅲ③・912③・913③・914③・930）。

　商法は，外観を信頼して取引をなした第三者を保護するために，営業の主任者であることを示す名称を付した使用人を，裁判外の法律行為に関する限り，本店または支店の支配人と同一の権限を有するものとみなしている（24）。このような名称を付した者を表見支配人と呼ぶ。表見支配人の規定の適用に関連して，営業所の実質が問題となる（第2編第6章 論点11 を参照）。

第2章 商業登記

I 総　説

　商業登記とは，商人に関する取引上重要な事項を公示することにより，集団的・反復的に行われる商取引の円滑と確実を図り，商人をめぐる経済主体間の利害を調整することを目的とする制度である。会社（および外国会社）以外の商人に関する商業登記については，商法総則に規定がおかれ（通則規定として8～10。実体的規定として11Ⅱ・15Ⅱ・22），会社（外国会社を含む）に関する商業登記については，会社法に規定がおかれている（通則規定として会社907～910。実体的規定として会社911～938）。

　商人と取引を開始しようと思う者にとって，例えば，役員関係等，その商人に関する一定の情報が一般的に公示されていれば，安心して取引に入ることができる。他方で，商人にとっても，取引上重要な事項を公示することにより，自己の

コラム 2　商業登記と不動産登記

　登記と聞いて，まず思い浮かぶのは，民法上の不動産登記制度である。しかしながら，商業登記と不動産登記は，その機能がかなり異なる。

　不動産登記は，権利の公示手段であるとともに，権利変動の対抗要件とされている（民177）。原則として，当事者の善意・悪意は問題とならない。例えば，甲が，まず乙に対して土地を譲渡し，同じ土地を次に丙に譲渡した場合に，丙が乙より先に登記を済ませると，丙がたとえ二重譲渡の事実を知っていた場合でも，乙は丙に対して，自らが権利者であることを主張できない（もっとも，丙がいわゆる背信的悪意者である場合は別である）。

　これに対して，商業登記は，法律に特別の定めがない場合，既存の事実・法律関係を公示する機能を有するにとどまる。したがって，たとえ，登記前でもその事実を知っている者に対しては，当該事実を主張することができる。例えば，Aが代表取締役を退任した場合，その事実を知っている者に対しては，退任の登記がなされていなくとも，退任の事実を主張できる。

信用を確保することができるし、また、例えば、役員関係等に変更があった場合，それを公示することによって、取引相手にその都度通知する必要がなくなる（原則として、公示を見ないことによってそれを知らない第三者に対してもそのことを主張できる）という利点がある。このような要請に対して特別に設けられた公示制度が，商業登記制度であり，一般公衆および商人双方の利益に配慮した制度といえる（商登1参照，コラム2参照）。

　もっとも，公示させる内容が多くなりすぎると，商人の営業秘密が漏洩する可能性がある。また，取引相手にとっても，公示されているのにそのことを知らなかった場合に不利益を被る可能性が増える。したがって，どのような事項を公示させるか，また，公示にどのような効力を認めるかは，高度の政策判断であり，商法および会社法などの法令によって定められる。

　商業登記は，商人に関する一定の事項を商業登記簿に記載してなす登記であり，その種類として，商号・未成年者・後見人・支配人・株式会社・合名会社・合資会社・合同会社・外国会社の9種類がある。これらは，法務局，地方法務局またはその支局，出張所に備えられる（商登6）。

　事務処理の適正・円滑化を図るだけでなく，高度に情報化された取引社会の要請に応じるために，商業登記実務のコンピュータ化が進められ，平成19（2007）年5月にその作業が終了している。

II　商業登記事項

1　登記事項に関する規定

　登記事項は，例えば商法22条（会社以外の商人の支配人の登記），会社法911条3項（株式会社の設立に際する登記）等，商法・会社法の規定に基づくほか，破産法257条（法人の破産手続に関する嘱託登記）のようにその他の法律（担保付社債信託法，会社更生法等）に基づく。商法の規定による登記でも，商業登記簿になされないものは商業登記ではない（686）。

　なお，各種の協同組合や保険相互会社は商人ではないとされるので，その登記は商業登記ではないが，商業登記と同様の規定がおかれている（農業協同組合法9，消費生活協同組合法7・92，保険業67等）。

2　商業登記事項の分類

（1）　絶対的登記事項と相対的登記事項　商人が必ず登記しなければならないものを絶対的登記事項といい，ほとんどの登記事項がこれにあたる。これに対して，登記するか否かが商人の裁量にゆだねられているものを相対的登記事項といい，会社以外の商人の商号の登記（11Ⅱ）がこれに該当する。

もっとも，相対的登記事項であっても，いったん登記すると，その変更および消滅は絶対的登記事項となる点に注意が必要である（10）。

会社以外の商人については，絶対的公示事項の登記を怠っても公法上の制裁はないが，会社については，絶対的登記事項について，登記を怠る場合，過料の制裁が科される（会社976①）。

（2）　設定的登記事項と免責的登記事項　登記事項が，事実および法律関係がつくられたことに関するものであるとき，これを設定的登記事項といい，例えば，支配人の選任（22，会社918），代表取締役の選任（会社911Ⅲ⑭）等，多くの事項がこれにあたる。また，登記事項が，当該事実および法律関係の関係当事者の責任を免れさせるものであるとき，これを免責的登記事項といい，支配人の代理権の消滅（22，会社918），代表取締役の退任（会社915Ⅰ）等がこれにあたる。商業登記は，実際上，免責的登記事項についてその効用を発揮する場合が多い（コラム3参照）。

3　商業登記に関する通則

（1）　変更または消滅の登記　登記事項した事項に変更が生じ，またはその事項が消滅したときは，登記当事者は，遅滞なく，変更の登記または消滅の登記をしなければならない（10，会社909）。

（2）　支店の所在地における登記　会社が支店を新たに設けた場合は，所定の期間内に，当該支店の所在地において，支店の所在地における登記（原則として，商号，本店の所在地および支店の所在地場所）をしなければならない（会社930。登記実務の電子化の進展により，会社法施行後は，支店所在地における登記事項は最小限のものにとどめられている）。

III　商業登記の手続

1　登記の申請・管轄

　商業登記は，法令に別段の定めがある場合を除くほか，当事者，すなわち，登記事項たる事実・法律関係の主体である商人の申請または官庁の嘱託による（商登14，会社907・909）。

　商業登記が，官庁の嘱託により行われる事例として，登記事項が裁判により生じた場合の裁判所書記官の嘱託による登記がある（会社937。このほか，取締役等の職務執行停止・職務代行者選任の仮処分等の登記〔会社917，民保56〕，破産手続に関する登記〔破257〕および更生手続に関する登記〔会社更生258〕等がある）。また，休眠会社の解散の登記のように，登記官が職権で行うものもある（会社472 I，商登72）。

　法令に別段の定めがある事例として，商号の廃止等があったにもかかわらず登記がなされていない場合の利害関係人の商号登記の抹消申請（商登33），および，未成年・後見人登記の申請など（商登36・41）がある。また，会社の設立登記については，会社はまだ法的に成立していないので，会社を代表すべき者の申請による（商登47 I）。

　登記申請は，登記当事者の営業所の所在地を管轄する法務局もしくは地方法務局もしくはこれらの支局またはこれらの出張所（以下，単に「登記所」という）で行われる（商登1の3）。近時は，「登記・供託オンラインシステム」を利用したオンライン申請も広く利用されている（行政手続等における情報通信の技術に関する法律〔オンライン通則法〕3参照）。さらに，政府は，世界標準に合わせるべく，法人設立手続の迅速化に向けた政策を推進しつつある。

2　登記官の審査

　登記官が登記の申請書を受け取ったときは，遅滞なく申請に関するすべての事項を調査し（商業登記規則38），商業登記法24条各号に掲げる事由が存在するときは，理由を付した決定で申請を却下しなければならない（同条柱書）。

論点 4 登記官の審査権

　登記官の審査権について，商業登記法制定以前は，形式的審査主義と実質的審査主義という2つの考え方に分かれていた。形式的審査主義は，登記官は，登記の形式上の適法性（申請事項が登記事項であるか，添付書類が法定の形式を備えるか等）のみを調査する職務および権限を有するとする。これに対して，実質的審査主義は，申請事項の実体的真実の審査についても職務および権限を有するとする。

　確かに，真実でない事柄を公示することは望ましくなく，一般公衆の利益からは，登記事項が実体的真実であることが望ましい。しかし，現行の商業登記法24条各号において具体的・限定的に掲げられている却下事由は，その大部分は形式的事由であること，また，登記実務上，登記官が申請書およびその添付書類ならびに登記簿以外の資料を入手する手段を職務上有しないことから，現行法は，形式的審査主義を採るものと解するのが一般的である。判例は，一貫して形式的審査主義の立場を採っている（最判昭43・12・24民集22・13・3334〔百選11〕）。

　その場合，登記事項に無効または取消しの原因があるときを却下事由と定める同条10号の解釈が問題となりうる。登記官が無効または取消事由を調査しなければならないとすると，実質的審査主義に近づくからである。この点について，通説は，この場合の無効とは，法律関係の無効が申請書および添付書類から客観的に明白である場合に限られ，法律関係の有効性について疑いがある場合でも，登記官は一応その登記をなし，有効無効の決定は関係者の後の訴訟にゆだねるべきであると解している。

　なお，取消原因のある場合まで却下事由とされている点については，取消原因があっても取り消されるまでは有効に存在するので登記の段階で申請を却下させることは妥当ではない，と立法論的に批判されている。

3　登記事項証明書等の交付

　何人も，登記簿に記録されている事項を証明した書面（登記事項証明書）の交付を請求することができる（商登10Ⅰ）。また，登記所に印鑑を提出した会社代表者などは，登記所に提出した印鑑の証明書の交付を請求することができ（商登12），これは印鑑証明書として実務上幅広く利用されている。

　これらの登記事項証明書および印鑑証明書の交付等は，管轄登記所以外の登記所に対しても請求できるし，「登記・供託オンラインシステム」による請求もできる（商登10Ⅱ，オンライン通則法3）。また，登記されている情報を確認するだけであれば，民事法務協会が運営する「登記情報提供サービス」によりインターネットを利用して情報の送信を受けることもできる（電子通信回線による登記情報の提供に関する法律）。

なお，従来の印鑑証明書および登記事項証明書に代わる電子証明書を，電子認証登記所（東京法務局）の登記官が登記情報に基づいて認証する制度（商業・法人登記に基づく電子認証制度，商登12条の2）が運営されている。この制度は，電子政府における唯一の公的な法人認証基盤として位置づけられており，会社が行政機関に対して行う（電子納税システムなどの）各種の申請にとって不可欠の基盤となっている。

Ⅳ 商業登記の効力

1 商業登記の一般的効力

（1）総論　登記すべき事項は，登記の後でなければ，その事項を善意の第三者に対抗することができず，登記の後であっても，第三者に正当の事由がある場合は，同様に対抗することができない（9Ⅰ，会社908Ⅰ）。

これを商業登記の一般的効力（宣言的効力・確保的効力）という。一般的効力は，さらに，以下のように，登記前と登記後の2つに分けて説明される。

（2）登記前の効力（消極的公示力）　登記事項たる事実・法律関係について発生，変更および消滅があった場合，その登記が行われる。商法9条1項（会社908Ⅰ）によれば，実体法上そのような事実・法律関係が存在しても，登記がなされていない場合，登記事項の対象である当事者（登記当事者）は，これを善意の第三者に主張することができない（絶対的登記事項だけでなく相対的登記事項についても同様である）。このような効力を，商業登記の消極的公示力という。

例えば，実際には退任しているにもかかわらず，変更登記がなされていない旧代表取締役が，会社を代表して（厳密には代表権限があると偽って），取引を行った場合，会社は，代表取締役退任の事実を知らない第三者に対して，退任の事実を主張することができない。

第三者の善意は，利害関係を生じた時，すなわち取引の時が基準となる。善意であれば，重過失を含めて，過失の有無は問わないと解されている。登記制度の信用力を重視したものである。また，商法9条1項（会社908Ⅰ）においては，登記のないことが第三者の取引の原因となったか否かは関係なく，登記をしなかったことについて，登記すべき義務を負う者（登記義務者）の故意・過失は要件と

されていない。

　これに対して，悪意の第三者については，登記前であっても，その事実・法律関係を対抗できる。悪意の立証責任は登記当事者に課される。

　商法9条1項（会社908Ⅰ）は，登記当事者から第三者に対する主張について定めたものであるので，逆に，第三者から登記当事者に対する主張については，この規定の適用は問題とならず，登記がなくともその事実・法律関係を主張することができる（最判昭35・4・14民集14・5・833）。登記当事者間（先の例では，会社と代表取締役間）や，第三者相互間でも同様に解されている（最判昭29・10・15民集8・10・1898）。

　（3）　**登記後の効力（積極的公示力）**　登記事項たる事実・法律関係を登記した後は，登記当事者は，その事項を知らない第三者に対してもそれを主張することができる。このような効力を，商業登記の積極的公示力という。ただし，登記後であっても，第三者が正当事由によって登記について知ることができなかった場合には，当該第三者に対抗することができない。この場合の正当事由とは，一般的に，交通の杜絶や登記簿の滅失汚損等，登記の閲覧を妨げる客観的事由に限り，長期旅行や病気等の主観的事由は含まれない，と解されている（最判昭52・12・23判時880・78）。正当事由についての立証責任は，第三者に課される。

　積極的公示力の意義について，従来は，登記によって第三者の悪意が擬制されると説明されてきたが（悪意擬制説），最近では，単に，登記すればその事実・法律関係を善意の第三者に対抗できる，と文面通り素直に解すれば足りるとする立場が有力である。

　（4）　**積極的公示力と民商法の外観保護規定との関係**　商業登記の積極的公示力と，民法上の表見代理規定，および，商法24条（会社13条），会社法354条等の表見責任規定との関係については，学説上，激しく議論されている（論点5参照）。

　積極的公示力により，登記後は第三者の悪意が擬制されるとすると，民法上の表見代理の適用の余地はなく，また，代表取締役の登記があれば，他の者が代表取締役であるという信頼が成立する余地（表見代表取締役）がないように解されるからである。

　この点について，通説は，まず，代理権消滅後の表見代理規定である民法112

条は，商法9条1項（会社908 I）の登記の積極的効力により排除されるとする。すなわち，代表取締役の退任登記がなされている場合，会社はその事実を善意の第三者にも対抗することができ，これとは別に民法112条を適用ないし類推適用する余地はないとする（最判昭49・3・22民集28・2・368）。

他方で，通説は，商法24条（会社13）・会社法354条等は，登記義務者の側で登記された事実と異なる外観を創出している場合についての特別規定であるとし，商法9条1項（会社908 I）によりその適用は排除されないと解する（例外説）。

（5）**商法9条1項（会社908 I）の適用範囲**　商法9条1項（会社908 I）は，大量的，反復的に取引をなす商人と第三者との利害調整を図るものであるから，原則として，取引行為についてのみ適用がある。もっとも，取引関係と密接な関連のある不法行為・不当利得については，適用が認められる。

民事訴訟で誰が会社を代表すべきかについて，判例（最判昭43・11・1民集22・12・2402）は，平成17（2005）年改正前商法12条（会社908 I に相当）の適用を否定する。これに対して，学説上は，代表取締役が退任したのに登記がなされていない場合に，旧代表取締役を名宛人として会社を訴えると訴訟行為が無効になるというのは不当であるとして，当該規定の適用を認める立場が多い。

> **論点 5**　**積極的公示力と民商法の外観保護規定との関係**
> 本文で述べた通説に対して，学説上，主として，以下の3つの立場が主張されている（争点5参照）。
> 第1に，正当事由弾力化説と呼ばれる学説がある。この説は，商法24条（会社13）および会社法354条等については，商法が認めた例外として，商法9条1項（会社908 I）第2文の正当事由に該当し，これらの表見責任の規定が適用されると主張する（民法上の表見代理規定は登記上の外観に後れるとする）。この説に対しては，正当事由を弾力的に解した場合に，商法24条（会社13）および会社法354条等以外の正当事由についてどのように考えるべきか明らかにされていないとの批判がある。
> 第2に，異次元説と呼ばれる学説がある。この説は，商法9条1項（会社908 I）の趣旨を悪意擬制とはみず，登記前には善意の第三者に対して制限されていた事実の主張が，登記後は「原則に戻って」主張できるようになったにすぎないと解し，商法9条1項（会社908 I）は，単に登記の奨励を定めただけの規定であるとみる。そのうえで，民商法の表見責任規定は，外観保護を目的とする規定であり，商法9条1項（会社908 I）とはその目的を異にするいわば異次元の規定であるとし，通常通り，民商法の表見規定がすべて適用されると主張する（民法の規定が適用される点が他の説や判例の結論と異なる）。この説に対しては，商法9条1項

> （会社908Ⅰ）が登記の奨励だけを定めていると解することは，相対的登記事項についても積極的効力を認める現行法の立場と相容れないとする批判がある。
>
> 　第3に，そもそも，商法24条（会社13）および会社法354条等の規定は，商法9条1項（会社908Ⅰ）と抵触するものではないとする学説がある。この説は，Ⓐが代表取締役として登記されている場合，かりに第三者の悪意が擬制されるとしても，それはⒶが代表取締役であることについて悪意となるだけで，それ以外の者，例えばⒷが「代表取締役でない」ことについてまで悪意が擬制されるわけではなく，表見代表取締役制度と何ら矛盾しないとする。

2　不実登記の効力

　商業登記は，既存の事実や法律関係の公示を目的とするものであるから，登記事項が現実に存在しなければ，登記があっても原則として何の効力も生じない。したがって，例えば，ある者について有効な選任がなされていないのに代表取締役である旨の登記がなされた場合，その者が現実に代表取締役となるわけではない。

　しかし，この立場を貫くと，登記を信用して取引に入った者が，不測の損害を被ることになり，これを保護しないと登記制度全体の信頼が損なわれてしまう。

　そこで，商法9条2項（会社908Ⅱ）は，故意または過失により不実の事項を登記した者は，その事項が不実であることをもって善意の第三者に対抗できないとする。これは，権利外観法理または禁反言の原則に基づくものである。

　商法9条2項（会社908Ⅱ）の適用にあたっては，登記申請をすべき者（登記義務者）に故意または過失があることが要件となる（帰責事由）。したがって，登記官の過誤や申請権限のない者の虚偽による場合は商法9条2項（会社908Ⅱ）の対象ではない（最判昭55・9・11民集34・5・717）。もっとも，登記義務者（例えば会社）ではないが，登記事項の対象である当事者（例えば取締役）が何らかの形で当該登記の実現に加功している場合，または，不実登記の存在が判明しているのにその是正措置をとることなく放置していた場合には，商法9条2項（会社908Ⅱ）の類推適用が認められる（前掲最判昭55・9・11，コラム3参照）。

　善意の第三者とは，登記と事実の不一致を知らない第三者をいい，他の権利外観法理の場合と異なり，登記制度の信頼性を基礎として，善意であれば，重過失を含めて，過失の有無は問わないと解されている。第三者が取引にあたり，不実の登記を信頼したことが必要か否かについて，学説上，必要でないと解する立場

が一般的であるが，その場合でも，登記の基礎となる実態については信頼がなければならないとする立場が有力である。

3 特殊の効力

登記により事実・法律関係が明確になることを利用して，商業登記に以下のような特殊の効力が認められる場合が法定されている。

（1） 創設的効力　　通常の登記では，既存の法律関係の公示が目的とされる

コラム 3　取締役の対第三者責任と会社法908条2項の類推適用

従来，小規模な会社において，その実質はないのに，登記簿上取締役とされている者について（表見取締役と呼ばれることがある），取締役の対第三者責任が追及されることが少なくなかった（もっとも，従来株式会社の取締役は3名以上とされていた〔平成17（2005）年改正前商255〕のと異なり，会社法施行後は，取締役の数は1名で足りるため〔会社326Ⅰ〕，法的状況がかなり異なることに注意すべきである）。当該取締役は，登記義務者ではないため，直接に会社法908条2項を適用することはできないものの（当該規定は，登記当事者と取引相手方との関係を規整する規定），その類推適用が問題となる。この点について，平成17（2005）年改正前商法14条（会社908条Ⅱに相当）に関する下記のような2つの判例がある。

正規の選任手続（株主総会決議）を経ていないにもかかわらず，登記簿上，取締役とされている者について，その者が，故意または過失によって不実登記をなすことに承認を与えていた場合は，その者は登記を申請すべき者ではないものの，不実登記の出現ないし残存に加功したものであり，平成17（2005）年改正前商法14条を類推適用して，その者は（自己が取締役でないことを）善意の第三者に対して対抗することができず，平成17（2005）年改正前商法266条ノ3（会社429に相当）に基づく責任を負うとする判例がある（最判昭47・6・15民集26・5・984〔百選9〕）。この判例に対しては，取締役でない者に取締役としての義務違反に基づく責任を認める結論に対する批判もある。

他方，取締役が辞任したにもかかわらず，従前の登記が放置されている場合については，取締役を辞任した者が，辞任したにもかかわらずなお積極的に取締役として対外的または内部的な行為をあえてしたとか，登記申請者である株式会社の代表者に対し，辞任登記を申請しないで不実の登記を残存させることについて明示的に承諾を与えていたなどの特段の事情がない限り，辞任登記が未了であることによりその者が取締役であると信じて当該株式会社と取引した第三者に対して，平成17（2005）年改正前商法266条ノ3（会社429に相当）第1項に基づく責任を負わないとする判例がある（最判昭63・1・26金法1196・26〔百選10〕，最判昭62・4・16判時1248・127参照）。この判例は，退任後の取締役の事情にも配慮して，帰責事由として，漫然と過失により不実登記を放置することを越えた，特段の事情を要求しており，前述の場合よりも厳格な要件を定めたものと解されている。

のに対して，登記によって新たな法律関係が創設される，すなわち登記が一定の法律関係の成立要件または効力要件とされるものがある。これを商業登記の創設的効力という。会社の設立登記がその典型である（会社49・579。なお会社750Ⅱ参照）。この場合，会社法908条1項の適用は排除される。

（2）補完的効力　登記がなされると，それ以後，法律関係における一定の瑕疵の主張ができなくなり，いわば登記によって瑕疵が治癒されたと同一の効力を有するものがある。これを補完的効力（治癒的効力）という。例えば，株式会社については設立登記により会社が成立した後は，発起人は，錯誤，詐欺または強迫を理由として設立時発行株式の引受けの取消しをすることができなくなる（会社51Ⅱ。会社102Ⅵも参照）。

（3）付随的効力　登記がなされることによって，一定の行為が許容されたり，一定の責任が免責される場合がある。これを付随的効力と呼ぶ。例えば，持分会社の社員の責任（会社580）は，退社の登記から2年で免責される（会社612Ⅱ，なお会社673参照。なお，判例は退社の事実についての第三者の善意悪意を問わず，登記までの会社債務に責任を負うとして平成17（2005）年改正前商法12条〔会社908Ⅰに相当〕の適用を否定しているが〔大判昭14・2・8民集18・54〕，会社908Ⅰを適用して，登記前であっても退社の事実について悪意の相手方に対しては，退社後の責任を負わないと解する立場も有力である）。

（4）その他　会社以外の商人の商号は一定の場合に譲渡できるが，その譲渡は，登記しなければ，第三者に対抗することができない（15Ⅰ・Ⅱ）。すなわち，登記に不動産登記におけると同様の対抗力が認められている（なお，商号譲渡の際の，取引関係における行為主体〔主体は営業の譲渡人か譲受人か〕については，商法9条1項が適用されると解する立場が一般的である）。また，外国会社は外国会社の登記により，日本において継続的に取引できるようになる（会社818）。

第3章　商　　号

I　総　　説

1　商号の意義

　商号とは，企業の主体である商人の営業上の名称を意味する。商号は商人の名称であり，営業活動そのものを表すものではない。しかし，商人が長期間商号を使用することにより，営業活動そのものを表すように作用する。すなわち，商人の信用の基盤として経済的価値を有するようになるためその保護が必要になる。その反面，商人と取引する第三者が欺瞞的商号により損害を被ったり，商人の商号選定・使用により第三者が損害を受けたりすることを防止する必要もある。商号制度の目的は，第1に，商号を使用する商人の経済的利益（顧客誘引力など）を保護することにあり，第2に，商号制度の濫用により社会・公衆の利益が害されることを防ぐことにある。

2　名称とは？

　商号は「名称」であるから，氏名と同様に文字で表記でき，発音できるものでなければならない。図形・紋様・記号は，商人が自己の商品または役務（サービス）を，他の商人のそれと識別するために用いる商標（trademark, service mark）とはなりうるが（商標法2 I①②），商号とはなりえない（コラム4参照）。また，会社の商号は登記を要する（会社911Ⅲ②・912②・913②・914②）ところ，従来は外国文字による登記が認められていなかったため，登記上は必ず日本文字を用いなければならなかった。その後，平成14（2002）年11月1日施行の改正商業登記規則51条の2（50条1項）により，ローマ字その他の符号を商号の登記について使用できることとなったため，商号はローマ字等で登記できることとなった

（コラム5 参照）。

コラム4 「商号」と「商標」「サービス・マーク」「営業標」

「商号」が商人の営業上の名称であるのに対して，商人が自己の商品または役務（サービス）を他と識別するために用いる標章を「商標」という。平成3（1991）年に改正された商標法において「商標」とは，「文字，図形，記号，立体的形状若しくは色彩又はこれらの結合，音その他政令で定めるもの（以下「標章」という。）であって，次に掲げるものをいう」（商標法2Ⅰ柱書）とされ，①「業として商品を生産し，証明し，又は譲渡する者がその商品について使用をするもの」（1号）および，②「業として役務を提供し，又は証明する者がその役務について使用をするもの（1号に掲げるものを除く。）」（2号）があげられている。①が狭義の商標（ex. ソニーのポータブルプレイヤーに使用されるWALKMAN，アップル社のiPodなど）で，②がサービス・マーク（主催旅行の開催などに使用されるJTB，電話による通信などに使用されるNTTなど）である。商標は登録することにより商標権者は，その登録商標を独占排他的に使用でき，登録商標と同一・類似範囲での他人の使用を禁止できる。なお，商標の調査や出願には，商標（ネーミングやマーク等）だけでなく，当該商標をどのような商品や役務に使うのかを明らかにする必要がある。つまり，「商標」の同一・類似関係は「商品・役務」の同一・類似関係と一体として判断される。したがって，かりに「商標」が同一・類似していても，「商品・役務」が非類似の場合，同一・類似の商標が別個の商標権者にそれぞれ登録されることもある。

サービス・マークの保護は平成3（1991）年の改正によって追加され平成4（1992）年4月1日より登録できるようになった。

なお，商人が，広告・看板・建物などに掲げ，営業自体の同一性を表すために慣用する特定の標章を「営業標」と呼ぶ。営業標のうちサービス・マークに該当するものは上記のように登録すると商標法上の保護を受ける。

コラム5 ローマ字による商号の登記

従来，NTT DoCoMoやSONY，TOYOTAなどアルファベットで表記される商号で親しまれている企業であっても，登記上の商号は株式会社エヌ・ティ・ティ・ドコモ，ソニー株式会社，トヨタ自動車株式会社というようにカタカナ表記であった。平成14（2002）年11月1日施行の改正商業登記規則51条の2（50条1項）によると，ローマ字（大文字・小文字），アラビア数字，「&」（アンパサンド）「-」（ハイフン）「'」（アポストロフィー）「.」（ピリオド）「,」（コンマ）「・」（中点）を使った商号を登記できることとなった。記号は原則として字句を区切る際の符号としての使用に限られ，商号の先頭や末尾には使用できないが，「.」（ピリオド）は省略を表すものとして末尾に使用することが認められる。

3 商人の名称とは？

商号は「商人の名称」であるから，商人でない営業者が自己の営業について用いる名称は商号ではない。相互保険会社や協同組合など会社以外の法人が営業上用いる名称などがその例である（もっとも，保険業法21条は会社法8条を準用するため，これらの名称も商号と同様の保護を受ける）。

なお，小商人も商人であり，小商人が営業上自己を表すために用いる名称も商号である。平成17（2005）年改正前商法8条は，商号に関する規定の適用を排除していたが，平成17（2005）年改正商法で，商号に関する規定のうち，商号の登記に関する規定のみが排除された（7）。したがって，小商人の商号も12条1項による保護を受ける。

4 営業上の名称とは？

商号は，「商人が営業上用いる名称」であるから，人が一般生活で用いる氏名や営業以外の活動で用いる芸名・雅号などとは区別される。また，営業上用いられるものであっても，商人が自己の取り扱う商品を識別するために用いる商標（trademark）や営業そのものを表示するために用いる記号である営業標（service mark）などは，商人の名称ではないので商号ではない（商標法2Ⅰ）。もっとも，個人商人であれば必ずしも商号を用いることは要せず，氏名その他の名称を用いて営業してもかまわない。逆に営業外で自己を表示するために商号を用いること（民事訴訟における当事者としての表示のために商号を用いるなど）もできるが，婚姻・養子縁組などの身分上の行為や，不動産登記・商業登記など，永続的な確定性が要求される場合は，氏名を用いなければならない（もちろん，会社の場合は不動産登記，商業登記にも商号を用いる）（商登17Ⅱ①参照）。

Ⅱ 商号の選定

1 商号の選定に関する立法主義

商号は商人がこれを選定することによって成立する。ところで，商号は法律的には商人の名称であるが，社会経済的には営業の同一性を表示し，その信用の標的となっており，商人と取引を行う一般公衆にとっては，商人の氏名または営業

の実際と商号とが一致することが望ましい。他方で，商人も長年用いられてきた商号を核として蓄積された得意先関係や営業に対する信用を相続・営業譲渡により営業主体が変更されても維持することができなければ著しい不利益となる。商号選定に関する規制のあり方には，これら2つの要請のいずれを重視するかによって3つの立場（立法主義）に分かれている。商号自由主義は，会社・個人商人ともに商号の選定を商人の自由とする立場である（英米法）。商号真実（厳格）主義は，商号と商人の氏名または営業の実際との一致を厳格に要求し，営業の実際を表示しない人工的商号や商号の譲渡・相続を認めない（フランス法）。折衷主義は，新商号を選定する際には商号と商人の氏名または営業の実際との一致を要求するが，既存の営業の譲渡・相続または変更の場合には従前の商号を用いることを認める（ドイツ法）。

2　商号選定の自由

日本では，江戸時代から苗字の使用を許されていなかった商人が自己を表示するために出身地や縁起物などに由来する屋号（越後屋・大黒屋など）を使用していた。このような屋号は営業の実際を必ずしも反映していないが，伝統のある屋号を商号として保護する必要があることから，商号自由主義を原則とし，商号選定の自由を認めた（11Ⅰ）。すなわち，個人商人は，自己の氏・氏名に限らず，他人の氏名や営業の実際と一致しない名称を商号とすることもできる。

しかし，商号選定の自由に対しては，社会・公衆の利益や取引の安全，他人の営業上の利益を保護する必要上，次のような例外が定められている。

3　商号選定の自由に対する例外

（1）　会社はその名称を商号としなければならず（会社6Ⅰ），商号を使用しないという自由はない。また，会社の商号中には，その種類に従い，株式会社・合名会社・合資会社・合同会社という文字を用いなければならない（会社6Ⅱ）。会社はその種類によって組織および社員の責任が異なるため，会社と取引する一般公衆を保護するため，商号により当該会社の種類を表示する必要があるためである。同様の趣旨から，会社は，その商号中に，他の種類の会社であると誤認されるおそれのある文字を用いてはならない（会社6Ⅲ）。これに違反した場合は，

100万円以下の過料の制裁がある（会社978①）。なお，銀行・信託など業種ごとに特別法で規定されている事業を行う会社は，その商号中にそれぞれ，銀行・信託の文字を用いることを要し（銀行法6Ⅰ，信託業法14Ⅰ），また保険業を営む会社は，その商号中に保険事業の種類（生命保険・損害保険）を示す文字も使用しなければならない（保険業7Ⅰ）。

（2）　会社でない者は，その商号中に会社であることを示す文字を用いることはできない（会社7）。これに違反した場合は，100万円以下の過料の制裁がある（会社978②）。会社であることを示す文字とは，「会社」という文字に限らず，一般公衆が会社と誤認するおそれのある文字も含まれ，「商会」は許されるが「合名商会」はこの規定に違反すると解されている。なお，銀行・信託・金融商品取引・保険の事業を営む会社でない者が，商号中にそれらの事業であることを示す文字を使用することはできず，違反すれば制裁が課される（銀行法6Ⅱ・66①，信託業法14Ⅱ・97③，金商31の3・205の2②，保険業7Ⅱ・335①）。

（3）　他人が登記した商号は，同一区市町村内で，同一の営業のために登記することはできないといういわゆる「類似商号規制」は廃止された。規制の及ぶ地理的範囲が限定されており，企業活動が広域化した現在では保護効果が薄いこと

コラム6　他の商人の営業等と誤認されるおそれのある名称または商号

　平成17（2005）年改正前商法20条に相当する制度は廃止されたが，商法12条および会社法8条における他の商人の営業または他の会社と誤認されるおそれのある名称または商号の判断基準としては，従来「類似商号」にあたると判断された事例が参考となろう。すなわち，「株式会社明治屋」と「株式会社池袋明治屋」（東京地判昭36・11・15判時289・34），「更科」と「更科信州家」（最判昭40・3・18判タ175・115〔百選＜第4版＞14〕），「株式会社ナガサキヤ」と「株式会社長崎本舗」（京都地判昭40・12・22判時437・57），「播重」または「はり重」と「株式会社播重」（大阪地判昭31・9・6下民集7・9・2413），「東京インターネット株式会社」と「株式会社東京インターネットパソコンスクール」（東京地判平10・1・21判例集未登載），「株式会社劇団木馬座」と「株式会社木馬企画」（横浜地川崎支判昭63・4・28判時1301・144）などがある。判例にみられる誤認のおそれの判断基準は，次のように要約できるであろう。すなわち，商号自体を観察し，略称または通称として用いられるような主要部分が記憶印象において類似するため一般人からみて誤認混同を生ずるおそれがあるかを基準とする。記憶印象において類似するとは，文字の表記が類似している場合に限らず，呼称上の類似を含む。このことは，ローマ字による商号でも同様で，例えば「abc株式会社」と「エービーシー株式会社」という商号は類似商号である。

や，個人商人が同一区市町村内において，同一の営業のために同一の商号を未登記で使用することを排除できないことなど規制の有効性に疑問があった。他方で，類似商号規制があることで，会社設立や定款変更，事業目的の変更・追加の際に調査や審査に時間がかかり，迅速な起業等の妨げとなるという弊害も指摘されていた。そこで，既登記商号に関する類似商号規制による登記受理段階での保護を廃止し，登記の有無にかかわらず，類似商号の使用により具体的な損害が生じ，あるいは生じるおそれがある場合における保護に一本化することとした（12，会社8，不正競争2等）。これに伴い，類似商号登記の禁止を定めていた商業登記法27条も，「同一の所在場所における同一の商号の登記の禁止」に改められた（商登27）。

（4）　不正の目的をもって，他の商人の営業または他の会社であると誤認されるおそれのある名称または商号を使用すること（12Ⅰ，会社8Ⅰ），または広く認識されている周知性のある他人の商号などを使用して，他人の商品，営業上の施設または活動と混同を生じさせる行為（不正競争2Ⅰ①），もしくは他人の著名な商号と同一または類似の商号を使用する行為（不正競争2Ⅰ②）は，許されない。このような行為に該当する商号の選定・使用は，その商号の使用差止め，損害賠償などの請求を受けることがあり，また行為の態様によっては過料または刑罰を受けることがある（12Ⅱ，会社8Ⅱ，不正競争3・4・5・21Ⅱ①②）。他人が登記した商号と同一または類似の商号を不正の競争の目的をもって使用することを禁じる旨の平成17（2005）年改正前商法20条は廃止された。上記のように登記の有無にかかわらず，不正な商号使用者により利益を害された者，または害されるおそれのある者は，不正使用者に対して使用の差止めや損害賠償が可能である。同条は，同一区市町村内で同一の営業のために他人が登記した商号を使用する者には不正の競争の目的が推定される限りにおいて存在意義があったが，企業活動領域が広域化した現在では，その効果は薄い。そのため，当該制度を廃止し，登記の有無による商号保護の差異をなくした（コラム6参照）。

Ⅲ 商号の数

1 個人商人の場合

　1つの営業については1つの商号のみを有することができる（商号単一の原則）。同一の営業に複数の商号使用を認めると，公衆を誤解させ，あるいは他人の商号選定の自由を制限するおそれがあるため，解釈上認められた原則である（大決大13・6・13民集3・280参照）。同一の営業につき数個の営業所（本店・支店）を有する場合に，営業所ごとに異なる商号をもつことは許されないと解するべきであるが，商号に営業所所在地の名称その他支店であることを示す文字を付加することは差し支えない（例えば，甲商店大阪支店）。もちろん，商人が数個の営業を営む場合には，営業ごとに異なる商号を用いることができる。

2 会社の場合

　会社（外国会社を含む：会社5参照）は，その名称を商号としなければならない（会社6Ⅰ）。すなわち，会社の商号は，自然人の氏名と同じように，会社の全人格を表すものであるから，商号は1つに限られる（個人商人のように営業ごとに異なる商号を用いることはできない）。数種の事業を営んでいる場合でも，会社全体を表す1つの商号しか用いることはできない（そのため，会社については営業ではなく事業という用語が用いられる〔会社5・10・21・24・467以下等参照〕）。もっとも，会社の商号に本店または支店であることを示す文字を付加して使用することは許される。

Ⅳ 商号の登記の手続

　会社は，必ず設立登記においてその商号を登記しなければならない（会社911Ⅲ②・912②・913②・914②）。外国会社が会社法817条1項の規定により初めて日本における代表者を定めた場合，外国会社の登記において，商号も登記しなければならない（会社933Ⅱ柱書）。これに対して，個人商人の場合は，商号を登記するか否かを任意に判断できる（11Ⅱ）。平成17（2005）年の改正により，登記の有無と

商号に対する保護の程度に差異はなくなった。登記の有無にかかわらず，他の商人の営業または他の会社と誤認させる名称等の使用は禁止され（12，会社8），不正競争防止法（不正競争2Ⅰ①②・3・4）による保護を受ける。商号登記の手続については商業登記法（商登27以下）に規定されている。個人商人の商号は，営業所ごとに商号登記簿に登記する（商登28Ⅰ）。会社の場合は，各会社の登記簿に商号を登記するため，商号登記簿への登記を要しない（商登34）。商号登記簿に登記されるのは個人商人の商号である。登記すべき事項は，商号，営業の種類，営業所および商号使用者の氏名・住所である（商登28Ⅱ）。

Ⅴ 商 号 権

1 商号権の意義

（1）総説　商人は，他人によってその商号使用を妨げられない権利（商号使用権）を有すると同時に，他人が自己の商号と同一または類似の商号を不正に使用することを排斥する権利（商号専用権）を有する（12，会社8，不正競争2Ⅰ①②）。商人が商号について有するこのような権利を商号権という。商人は，登記の有無にかかわらず商号権を有する。商法制定時は，登記商号にのみ商号専用権を認め，排他的効力を定めていたが，昭和13（1938）年の商法改正で商法21条（現在の12条および会社法8条に相当）が新設され，未登記商号も排他的専用権を有すると解釈されるようになった。さらに，商号以外の名称と同列にではあるが，不正競争防止法2条によって，登記の有無にかかわらず周知性ある商号および著名商号は商号専用権の保護を受ける。

（2）商号権の性質　商号権の性質については，①人格権説，②財産権説，③商号登記前は人格権であるが，登記後は財産権または財産権的性質をもった人格権とする説，④登記の前後を問わず，人格権と財産権双方の性質をもつとする説，に分かれている。商号そのものは登記の前後でその本質を変えるものではないと解される以上，商号権の性質についても登記の前後で区別する理由はなく，また，商号は商人の営業上の名称であるから個人の氏名権と同様人格権的性質を有し，同時に営業生活において商人の信用の基盤として経済的価値を有し，譲渡も認められることから財産権的性質をも兼ね備えており，商号権は登記の前後を

問わず，この二面性を有すると解する多数説の見解が妥当である。

2 他の商人（会社）と誤認させる名称等の使用の禁止

前述のように，登記済商号に対する保護の制度は廃止され，商号権の効力については，登記の有無にかかわらず，不正に他の商人の営業または他の会社と誤認されるおそれのある名称または商号を使用することを禁止する規制に一本化した。

（1） **商法および会社法**　誰であろうと不正の目的をもって他の商人の営業または他の会社（外国会社を含む：会社5参照）であると誤認させるような名称（保険相互会社の名称としての使用など）または商号を使用することは許されない（12 I，会社 8 I）。不正の目的とは，ある名称または商号（以下，名称等という）を自分の名称等として使用することにより，一般人に対して，自己の営業をその名称等によって象徴される他の商人の営業または他の会社であるかのように誤認させようとする意図をいうものと解する。東京瓦斯株式会社事件（最判昭36・9・29

コラム 7　不正競争防止法の沿革

わが国の不正競争防止法は，その制定に至る過程から不正競争をめぐる国際関係の影響を強く受けてきた。明治から大正にかけてわが国の商品が世界的市場に進出するようになり，わが国の業者による不正競争が国際問題となっていたが，わが国では不正競争防止法の成立には至らなかった。昭和に入って，日本が不正競争からの加盟国国民の保護を強化した工業所有権の保護に関するパリ条約ヘーグ改正に加盟していないことを理由として，各国から日本製品に圧迫を加える動きもみられる状況となり，日本の業者が不正競争の被害者の立場に立つ事例もみられるようになってきたことから，昭和9（1934）年にようやく成立した。さらに，不正競争防止法は，昭和9年の制定以来数回の一部改正を行っているが，その大半がパリ条約またはマドリッド協定といった国際条約の改正またはこれに対する新規加入に伴うものであった。もっとも，平成2（1990）年の一部改正における営業秘密にかかる不正競争の防止を図る規定の導入は，わが国独自の社会的・経済的な必要性の観点からの改正であった。続く平成5（1993）年には，新規制定に匹敵する初の自発的な全面改正が行われ，不正競争の類型に著名表示冒用行為と商品形態模倣行為が追加され，原産地等誤認惹起行為の対象を商品から役務に拡大して規制対象の大幅拡充を図り，損害賠償請求権の行使を容易にし，被侵害者の保護が強化された。このいわば新不正競争防止法ともいえる現行規定もインターネットの普及に代表される高度情報化社会を迎え，ドメイン名の不正取得と使用など新たな不正競争の類型を定義するなど改正がなされている。さらに平成17（2005）年の改正は，営業秘密の刑事的保護の強化，模倣品・海賊版対策等の強化に加え，罰則の水準を見直し，上限を引き上げたほか，懲役と罰金の併科もできることとした。

民集15・8・2256〔百選13〕）において，最高裁は，自社の営業を原告会社の営業と誤認させる意図はなく，商号を先に登記して本店移転の登記を妨害することにより原告会社に対して金銭を要求しようとした被告会社の意図を不正の目的と認定した点で，不正の目的を「何らかの違法性のある目的」，「公序良俗に反する目的」とひろく解していた。

商号の使用の意義は，法律行為・事実行為いずれについての使用も含む。不正の目的をもって誤認を生じるおそれのある名称等が営業に関して使用される限り（ただし，商号として使用されたのではなく，地下鉄の駅名として使用された場合に本条の適用を否定した判例として東京地判平6・10・28判時1512・11がある），その名称等が現に他の商人または他の会社の商号と同一のものであるか否か，当該商号が登記されているか否かを問わず，本条が適用される。

本条に違反して名称等を使用する者に対して，当該名称等の使用によって営業上の利益を害され，または害されるおそれのある商人または会社は，その侵害の停止または予防の請求が認められ（12Ⅱ，会社8Ⅱ），違反者は，100万円以下の

■ 商号専用権の要件・効果

根拠条文		保護要件			効果	備考
		登記	侵害商号との関係	侵害者の主観的要件		
商法12条・会社法8条		登記の有無を問わない	侵害者の使用する名称または商号が他の商人の営業または他の会社であると誤認させるものであること	不正の目的	侵害の停止または予防請求（不正使用者には100万円以下の過料：13条，会社法978条3号）	保護対象は商人または会社
不正競争防止法	2条1項1号・3条	周知商品等表示（登記の有無を問わない）	同一または類似で，商品・営業の混同を生じさせる	なし	侵害商号の使用差止め，不正の目的があれば使用者に罰則（21条2項1号）	保護対象は事業者
	2条1項2号・3条	著名商品等表示（登記の有無を問わない）	同一または類似の商品等表示の使用			
	4条	同上	同上	故意・過失	損害賠償 損害額の推定（5条）	
	21条2項1号	周知商品等表示（登記の有無を問わない）	同上	不正の目的	5年以下の懲役もしくは500万円以下の罰金またはこれらが併科される	

過料に処せられる（13，会社978③）。

（2）　不正競争防止法　　不正競争防止法は，氏名，商標，標章，商品の容器・包装など商品等表示の1つとして，登記の有無にかかわらず，また冒用者の不正競争目的の立証を要件とせずに，周知性のある商号を保護している。すなわち，他人の商品または営業の表示として需要者の間にひろく認識されている商号（周知商号）と同一または類似のものを使用して，他人の商品または営業と混同を生じさせる行為（不正競争2Ⅰ①）や，他人の著名な商号と同一または類似のものを使用する行為（不正競争2Ⅰ②）を「不正競争」として禁止している。不正競争によって営業上の利益を侵害され，または侵害されるおそれのある者は，侵害の停止または予防請求権（不正競争3Ⅰ）のほか，相手方の故意または過失を要件として損害賠償（損害額の推定規定有り）・信用回復措置請求権を認めている（不正競争4・5・14）。なお，5年以下の懲役もしくは5百万円以下の罰金またはこれらの併科の罰則も規定されている（不正競争21Ⅱ①）（コラム7 参照）。

Ⅵ　商号の譲渡・廃止・変更

1　商号の譲渡

　商号権は財産的価値を有するから，これを他人に譲渡することができる。これを商号の譲渡という。商号は，法律的には商人の名称であることは前述の通りであるが，社会経済的には営業の名称として機能しているので，商人が営業を継続しながら商号のみを切りはなして譲渡することを認めると，一般公衆を誤認させる危険が大きい。それゆえ商法は，営業とともに譲渡する場合または営業を廃止する場合に限り商号の譲渡を認めている（15Ⅰ）。営業を廃止する場合にも商号の譲渡を認めたのは，営業の混同を生ずるおそれが比較的少なく，また廃業の際に財産的価値物として換価処分することを可能にし，それまで使用されてきた商号の経済的価値が失われることを防ぐためである。会社の商号に関しては明文の規定がないが，事業を譲り受けた会社が譲渡会社の商号を続用することができることを前提とした規定（会社22Ⅰ）があること，会社が事業を廃止する場合には，個人商人と同様に商号の経済的価値の維持を認めるべきであることから，事業の譲渡とともに譲渡する場合，または事業を廃止する場合に限り譲渡できるものと

解する。

　商号の譲渡は当事者間の意思表示によってその効力を生ずるが，その譲渡を第三者に対抗する要件としては登記をしなければならない（15Ⅱ）。ただし，小商人には適用されない（7）。この登記は，商号譲渡の物権的効力を第三者に対抗するための要件であり，第三者とは，例えば，商号の二重譲渡を受けた者をいう。不法行為者は第三者に含まれない。すなわち，故意または過失により商号の譲受人の商号使用を妨害する者に対しては未登記であっても，商号の譲受けを対抗できる。もちろん，未登記であっても，前述の商法12条や不正競争防止法による保護は受けることができる。会社の場合は，2週間以内に，本店所在地における各会社の登記簿につき，変更の登記（会社915Ⅰ）を行わなければならない。

　商号譲渡の登記がなければ悪意の第三者に対しても譲渡の効力を対抗することができない。商法15条2項は，不動産物権の変動に関する民法177条に相当し，準物権としての商号権の得喪に関して規定するものであり，登記がなくとも悪意の第三者に対抗しうる旨を定めた商法9条1項の例外を定めたものと解する。この商号譲渡による変更の登記は，譲受人の申請によって行う（商登30Ⅰ・Ⅱ）。ただし，会社については譲渡会社と譲受会社双方において変更の登記（会社915Ⅰ）が行われるので，商業登記法30条1項・2項の適用はない（商登34Ⅱ）。なお，営業譲渡とともに商号が譲渡された場合の効果（17・18，会社22・23）については後述（第2編第4章）。

2　商号の相続

　商号権は財産権的性質を有するため，個人商人の商号は，相続の対象となる。登記された商号の相続があったときは，相続人が商号の相続による商号使用者の氏名などにつき変更登記の申請をしなければならない（商登30Ⅲ・32）。しかし，相続の登記は二重譲渡のような問題は生じないため，譲渡の場合のように商号権移転の対抗要件ではない。

3　商号の廃止・変更

　商人は，その営業に関し商号を選定使用することにより商号権を取得するが，その営業を廃止した場合，あるいは商号の使用を廃止または変更した場合には，

その商号権を失う。

（1）未登記商号の場合　営業の種類の変更は，商号権を当然に消滅させるものではなく，新たな営業について存続するものと認められる。商人が営業を廃止した場合は商号権も消滅するため，これを営業以外の目的に続用してもそれは商号ではなく，商号としての保護は受けられない。

（2）登記商号の場合　ⅰ）登記商号を廃止または変更したときは，商号の登記をした者は遅滞なく廃止または変更の登記の申請をしなければならない（10，商登29Ⅱ）。変更の登記を要するのは，商号・営業の種類・営業所・商号使用者の住所氏名の登記事項（商登28Ⅱ①～④）のいずれかに変更があった場合である。会社の場合は，各会社登記簿において変更の登記をしなければならない（会社915Ⅰ）。

ⅱ）商号の登記をした者が正当な事由なく2年間当該商号を使用しないにもかかわらず，当該商号廃止の登記をしないときは，当該営業所（会社の場合は本店）所在場所において同一の商号を使用しようとする者は，登記所に対し，当該商号の抹消を申請することができる（商登33Ⅰ②）。類似商号規制が廃止された結果，同一住所でなければ同一商号の登記が受理されるので，2年間正当な理由なく商号を使用しない場合に商号を廃止したものとみなす規定（平成17〔2005〕年改正前商30）は削除された。

ⅲ）商号を廃止または変更したにもかかわらず，登記者が廃止・変更の登記をしない場合には，同一の所在場所で同一の商号を使用しようとする者は，その登記の抹消を登記所に申請することができる（商登33Ⅰ①・③）。この申請があったときは，登記官は異議催告の手続を経てその登記を抹消する（商登33Ⅲ・135～137）。

Ⅶ　名板貸し

1　意　義

いわゆる名板貸し（名義貸しともいう）とは，自己の商号を使用して営業または事業を行うことを他人（名板借人）に許諾することをいう。名板借人が個人商人の場合，「営業」を行うことの許諾といい，会社（外国会社を含む：会社5）の場

合，「事業」を行うことの許諾という。商法14条および会社法9条は，このような許諾を与えた商人または会社（名板貸人）は，自己を営業主または当該事業を行う会社であると誤認して名板借人と取引をした相手方（名板貸人からは第三者）に対して，当該取引によって生じた債務につき，名板借人と連帯して弁済の責任を負うことを定めている。これは，取引相手が用いる名称によって生み出される外観（本来取引当事者は名板借人であるが，名板貸人が営業主のようにみえる）を信頼して取引した第三者が不測の損害を受けることのないように保護するための外観理論ないし禁反言の法理に基づく規定である。

2　名板貸人の責任要件

（1）　使用許諾の対象　平成17（2005）年改正前商法23条は，自己の氏・氏名または商号とされていたので，名板貸人は商人である必要はなく，商人以外の名義貸しについても名板貸しは成立すると解されてきた。これに対して，平成17（2005）年改正商法14条および会社法9条は，「自己の商号」と規定するため，名板貸人は商人または会社に限られ，使用許諾の対象は商人または会社の商号に限られる。商人・会社の商号以外の名義貸しについては，必要に応じて名板貸人の責任の規定を類推適用すべきであろう。また，名板貸人の商号に支店・出張所など付加語を加えて使用を許諾する場合も名板貸人の責任が認められる。

（2）　使用の許諾　ⅰ）明示・黙示の許諾　許諾は，必ずしも明示的に行われる必要はなく，黙示でもよい。しかし，他人が自己の商号を無断で使用していることをただ放置していただけでは黙示の許諾があったとはいえず，その放置が社会通念上妥当でないと認められる付加的事情（従来名板貸人が同じ営業を営んでいた，名板貸人所有の土地建物を使用させている，など）がなければならない（最判昭33・2・21民集12・2・282，最判昭42・2・9判時483・60等参照）。

ⅱ）営業または事業をなすことに対する許諾　許諾は，自己の商号を使用して名板借人が営業または事業をなすことに向けられていなければならない。これを厳格に解すると，名板借人は営業をなす者すなわち商人または会社に限られることになる。しかしながら，外観への信頼保護を目的とする趣旨に照らして，ひろく人が他人の商号を借用して経済的取引をなす場合にも，同条を類推適用するべきであるとする見解が多い（論点6 参照）。

> **論点 6** 手形行為と商法14条（会社法9条）
>
> 　手形行為と商法14条（会社9）の関係が問題になる事例としては，①名義貸与者が自己の名称を使用して営業または事業をなすことを許諾し，名義借用者が営業または事業に関し名義貸与者名義で手形行為をした事案，②単に手形行為についてのみ名義の使用許諾がなされ，名義貸与者名義での手形行為がなされた事案とに大別できる。①の事案については，手形行為は一般に営業上の行為に含まれると解されるため，名板貸人が商法14条（会社9）の責任を負わなければならないのは当然である（最判昭42・2・9判時483・60）。これに対して，②の事案に関しては，判例は同条にいう営業または事業とは，事業を営むことをいい，単に手形行為をすることはこれに含まれないと解し，さらに手形行為の本質にかんがみれば，名義借用者が名義貸与者の名義で手形行為を行っても，名義借用者自身の手形行為が成立する余地はなく，手形債務を負担することはないから，名義貸与者と連帯して手形債務を負担することもありえないので，名板借人と名板貸人が連帯責任を負うことを定めた同条の適用はないと判示する（最判昭42・6・6判時487・56〔手形百選＜第7版＞12〕）。これに対して，学説上は同条が外観法理ないし禁反言の法理に基づくものであり，取引の安全を保護するためには，同条を法文通り厳格に解するべきではなく，社会的要求に応じて拡張解釈すべきであり，単に手形行為のみについて名板貸しが行われた場合にもその適用ないし類推適用を認めるべきであるとする見解が多い。なお，営業または事業について名板貸しが行われたが，その商号を使用して営業がなされることはなく，ただ名板借人が名義使用を許諾された営業の範囲内と認められる営業のために手形行為を行った事案について，同条を類推適用した判決がある（最判昭55・7・15判時982・144）。

　iii）名板借人の営業または事業と名板貸人の営業または事業の同種性　ある商号で営業（事業）を営んでいるか，または従来営んでいた者が，その商号の使用を他人に許諾した場合に，名板貸人の責任を負う要件として名板借人の営業（事業）が名板貸人の営業（事業）と同種であることを要するか否かについては，見解が分かれている。同種の営業（事業）でなければ，そもそも誤認は生じえないとしてこれを要求する見解もあるが（最判昭43・6・13民集22・6・1171は，「特段の事情のない限り」名板借人の営業が名板貸人の営業と同種であることを要すると解するのが相当とする），近時の営業（事業）が流動的・多角的であることから，営業（事業）の同種性の有無は，名板貸人の責任成立の要件ではなく，名板借人と取引をした相手方の重過失の有無を判断する一資料として考慮すれば足りると解するべきである。

　（3）　相手方の誤認　相手方が，名板貸人を営業主または当該事業を行う会社と誤認して（名板貸しの事実につき善意で），名板借人と取引をしたことを要する。

相手方に無過失を要求するかについては，民法109条1項に比べて，商法14条および会社法9条では，取引の安全保護の必要性が大きいので，これを要しないと解するべきである。ただし，重過失は悪意と同視すべきであるから，誤認について相手方に重過失あるときは，名板貸人は責任を負わない。相手方の悪意，重過失については名板貸人が立証責任を負う。

3 名板貸人の責任内容

（1） 以上の要件を満たすとき，名板貸人は，名板借人と相手方との間の取引によって生じた債務について，名板借人と連帯して責任を負う。取引によって生じた債務には，取引によって直接生じた債務（代金債務など）のほか，名板借人の債務不履行による損害賠償債務・契約解除による原状回復義務も含まれる。誤認と損害の間に因果関係のない，不法行為に基づく損害賠償債務は含まれない（名板借人やその被用者が起こした交通事故など）。もっとも，詐欺による取引のよう

> **コラム 8** スーパーマーケットとテナントの関係に対する平成17（2005）年改正前商法23条の類推適用
>
> 　スーパーマーケットの屋上にあるテナント店にすぎないペットショップで購入し飼育していたインコがオウム病クラミジアを保有していたため，購入者およびその家族がオウム病性肺炎にかかり，その1人が死亡した事案（ペットショップはスーパーマーケットとは異なる独自の商号を使用しており，商号使用の許諾は明示にも黙示にも行われていなかった）において，最高裁は，一般の買物客がペットショップの営業主体はスーパーマーケットであると誤認するのもやむを得ないような外観が存在したというべきであり，かつ，スーパーマーケットは店舗外部への商標の表示や出店および店舗使用に関する契約の締結などにより，右外観を作出し，またはその作出に関与していたのであるから，同条（14，会社9）の類推適用により買物客とペットショップとの取引に関して名板貸人と同様の責任を負わなければならない，と判示した（最判平7・11・30民集49・9・2972〔百選17〕）。
> 　会社法9条の類推適用を認めた類似の事例として，大阪高判平28・10・13（金判1512・8）がある。この事案では，Yホテルに出店しているマッサージ店Bで，Aからマッサージの施術を受けたところ，頸椎症性脊髄症を発症し，四肢不全麻痺の後遺障害を負ったとして，マッサージ店の営業主体がYホテルであると誤認させる外観を作出し，原告Xがこれを信じて施術を受けたために上記後遺障害を負うに至ったなどとして，会社法9条の類推適用に基づきYホテルに損害賠償金の連帯支払を求めたのに対して，原告Xの請求額を減額したうえで，一部認容した。

に，取引の外形をもつ不法行為に基づく債務については，商法14条または会社法9条の類推適用を認めるべきである。

（1）　**商法14条および会社法9条の適用領域**　　商法14条あるいは会社法9条を直接適用できない場合であっても，事案によっては，一般の表見代理（民109Ⅰ・110・112ⅠⅡ）や表見支配人（24，会社13）に関する規定の適用ないし類推適用が問題になりうる。さらに，これらの規定の根底にある禁反言ないし外観法理自体に基づいて，取引の相手方を保護すべき場合もありうる。しかしながら，これら一般の表見法理よりも連帯責任である商法14条および会社法9条によるほうが債権者にとっては有利である。平成17（2005）年改正前商法23条に比べ，商法14条および会社法9条は，文言上適用範囲を限定しているが，同条に関する判例が，類推適用により活用範囲を広げていたことにかんがみると，これらの法条についても類推適用により活用範囲が広がる可能性が大きいといえよう（コラム8参照）。

第4章 営業譲渡

I　営業譲渡の対象・機能・手続

1　営業譲渡の対象となる営業

　商法において用いられている「営業」という文言は，主観的意義の営業と客観的意義の営業とのいずれかを意味していると整理できる（第2編第1章Ⅲ1）。本章において説明する営業譲渡は，一定の営業目的によって組織的・有機的に一体となった財産などの集合体を意味する後者を対象とするものである，と一般には理解されている。したがって，その集合体を構成しているような個々の財産などの譲渡は，営業譲渡にはならない（ただし 論点7 ）。

コラム9　営業と事業

　平成17（2005）年改正前商法は，会社を含めて商人がその営業の全部または一部を譲渡することを「営業」の譲渡であるとしていた。もっとも，個人商人は，商号一個ごとに1つの「営業」を行うとされており，複数の営業を行うときには複数の商号を用いることができると理解されている。他方で，一個の商号しかもちえないとされる会社であっても，複数の営業を行うことはある（第2編第3章Ⅲ）。そこで，会社法は，このような概念の差異を整理し，会社が行う営業の総体を，個々の営業とは区別して，「事業」と表記することとした（会社5・21～24・467等）。つまりは用語の整理を行ったにすぎないから，改正前商法における営業譲渡に係る判例や学説は，会社法における事業譲渡に係る条文の解釈に際しても参照されることとなる。そこで，本章においても，区別すべき場合を除き，営業と事業とを互換的に用いる。

　なお，以上に関連して，個人商人が，数個の独立した営業（例えば，宿泊業と小売業）を行っている場合，そのうちの1つ（例えば，宿泊業）を全体として譲渡するときには，その譲渡は営業の全部譲渡であり，一部譲渡ではない。他方で，会社がそのような譲渡を行うときには，その譲渡は事業の一部譲渡（会社467Ⅰ②）である。個々の営業の総体が事業として認識されることになるからである。

2 営業譲渡の機能

　営業譲渡の対象である客観的意義の営業は，暖簾を中心に組織化されることで，個々の財産の総和以上の価値をもつものである（第2編第1章Ⅲ1）。もし営業譲渡という仕組みがなければ，譲渡人はそのような営業を構成している個々の財産に解体して譲渡するほかなくなるが，それでは，解体前に有していた個々の財産の総和以上の価値が減少しまうこともあるかもしれない。そのことからすれば，営業譲渡はそのような価値の減少を防止する機能を有しているといえよう。そして，そのような営業譲渡（譲受人からみれば営業の譲受け）は，譲渡人にとって，自己の営業の全部または一部を分割したり整理するための手段となる。他方で，営業の譲受けは，譲受人にとって，自己の営業の内容ないし規模を拡大するための手段となる。

3 営業譲渡の手続

（1）　**営業譲渡契約**　　営業譲渡に際しては，当事者間（譲渡人と譲受人との間）で営業譲渡契約が締結される。この契約において，譲渡の対象となる個々の財産などの範囲，対価（通常は金銭），商号の引継ぎなどの内容が定められる。なお，商法・会社法はその契約の方式を定めていない。また，当事者間の合意のみによって成立すると理解されているが，通常は書面が作成される。

　なお，譲渡の対象となるのは，客観的意義の営業であるから，土地，建物といった個々の財産のみならず，譲渡人のそれまでの営業によって生じた債権や債務といったものや，暖簾といった財産的価値のある事実関係も含まれうる。そして，当該営業を構成する一切の財産などが譲渡の対象とされうるが，特約によって一部の財産などを除外されることもある。例えば，特定の債権や債務が除外されることがあるが，その場合には，それらの債権・債務に係る債権者・債務者の立場にあるのは依然として譲渡人である（Ⅲ）（ただし労働契約については大阪高判昭38・3・26高民集16・2・97〔百選19〕参照。他方で，東京高判平17・5・31労判898・16なども参照）。

（2）　**会社における追加的な手続**　　会社が事業譲渡契約の当事者となる場合には，会社の代表機関（代表取締役など）がその契約を締結する。もっとも，事業譲渡・譲受けによって，譲渡会社の事業が分割されたり整理されたりされること

になるし，譲受会社の事業の内容ないし規模が拡大されることとなる（**2**）。したがって，事業譲渡・譲受けは，譲渡会社・譲受会社の株主が出資した時点のその会社の収益構造などを大きく変更しかねないものであり，株主の利益に重大な影響を与える行為であるといえる。そこで，会社法は，事業の全部または重要な一部譲渡に係る事業譲渡契約は，原則として，株主総会の特別決議による承認を受けなければならないと規定している（会社467Ⅰ①②・309Ⅱ⑪）。また，事業全部の譲受けに係る事業譲受契約についても同様である（会社467Ⅰ③・309Ⅱ⑪）。加えて，その決議に反対した株主には，株式買取請求権が認められる（会社469・470）。なお，事業の重要でない一部譲渡や事業の一部譲受けであっても，取締役会設置会社においては，取締役会決議による承認が必要となる場合がありうる（会社362Ⅳ①④）。

論点 7　株主総会決議が必要となる事業譲渡の範囲

　営業譲渡・事業譲渡に係る商法総則の規定（16〜18の2）および会社法総則の規定（特に会社21〜24）において用いられている「営業の譲渡」「事業の譲渡」という文言が同義であることに争いはない（Ⅰ**1**および コラム9 ）。他方で，会社法467条により株主総会の特別決議による承認が必要となる「事業譲渡」がそれらと同義であるかどうかについては争いがあった。この点について，最高裁は，「〔平成17年改正前〕商法245条1項1号〔会社467Ⅰ①・②〕によって特別決議を経ることを必要とする営業の譲渡とは，同法24条〔15〕以下にいう営業の譲渡と同一意義であって，（…）一定の営業目的のため組織化され，有機的一体として機能する財産（得意先関係等の経済的価値のある事実関係を含む。）の全部または重要な一部を譲渡し，これによって，譲渡会社がその財産によって営んでいた営業的活動の全部または重要な一部を譲受人に受け継がせ」るものをいうと述べている（最大判昭40・9・22民集19・6・1600〔百選18〕）。

　この判決によれば，単なる個々の事業用財産の譲渡ではあるが（Ⅰ**1**），それによって譲渡会社の株主の利益に重大な影響を与えるような譲渡であっても，株主総会による承認は不要ということになる。また，事業譲渡の対象となった事業（営業）を譲受人が承継するかどうかは，譲渡会社の株主の利益とは直接関係しないにもかかわらず，承継されない事業の譲渡については株主総会による承認は不要ということになりそうである。他方で，〔平成17年改正前〕商法245条1項1号〔会社467Ⅰ①②〕が譲渡会社の株主を保護することを目的とする規定であることにかんがみて（Ⅰ**3**（2）），以上のような譲渡であっても株主総会の承認が必要である（結果的には同義であると必ずしも解するべきではない），と主張する学説がある。

　もっとも，当該判決のように考えることは，（「事業」という文言から大きく離れることもなく，しかも）同じ文言を同義であると理解することになるし，承継の有無を基準にして株主総会の承認が必要となるかどうかを譲受人が比較的容易に判断することができるから「法律関係

の明確性と取引の安全」に資する，と評価されることになろう（前掲最大判昭40・9・22もその点に言及している）。

II　営業譲渡契約当事者間（譲渡人と譲受人との間）の関係

1　営業財産移転義務

　営業譲渡契約（I **3**（1））を締結したことによって，譲渡人は，譲受人に対して営業譲渡の対象とされた財産などの集合体を移転する義務を負うことになる（他方で，譲受人は，通常，譲渡人に対して対価を支払う義務を負うことになる）。そして，その義務を履行するために，具体的には，その集合体を構成している個々の財産について，その種類に応じて個別に移転の手続をし，第三者対抗要件に係る措置を講じることになる（動産については引渡し〔民178〕，不動産および商号については登記の移転〔民177，商15 II〕，債権については債務者に対する通知〔民467〕など）。また，暖簾といった財産的価値のある事実関係については，譲受人がそれを利用することができるように，得意先・仕入先への紹介，ノウハウの伝授などの措置を講じなければならない場合もある。加えて，営業譲渡の対象から除外されずに対象とされた債務（ コラム10 ）については，免責的債務引受（民472）などの措置（債権者の承諾など）が講じられることになろう。

2　競業避止義務

　そもそも営業譲渡は営業を承継させることを目的とするものであろうから（ 論点7 参照），譲渡人が譲渡後に同一の営業を再開し従前の得意先を奪うなどして譲受人による営業を妨害することは，営業譲渡契約の趣旨からして許されないとも考えられる。そこで，譲渡人は，営業譲渡契約における特約がない限り，同一市町村の区域内およびこれに隣接する市町村の区域内においては，譲渡をした日から20年間，同一の営業を行ってはならない，とされている（16 I，会社21 I）。他方で，譲渡人の営業の自由を不当に制限すべきではないとも考えられるから（第2編第1章III **2**），以上のように区域や期間が限定されているとも整理しえよう。そして，営業譲渡契約において競業避止義務の有無や区域・期間につい

て明確に定められなかった場合（特約がない場合）には，譲渡人は以上の規定に従って当該義務を負うことになる。

　もっとも，明確に定められた場合（特約がある場合）にはその定めに従って当該義務を負うことになると理解されている。したがって，特約によって競業避止義務の区域・期間を拡大または縮小することができることになる。例えば，インターネットを利用した販売に係る競業については同一市町村の区域内という制限では十分ではないであろうから，特約によって区域が拡大されることもあろう。と

コラム 10　合併・会社分割などとの差異

　事業譲渡は，経済的には，合併，会社分割などの組織再編（会社法第5編）と同様の機能を有しているといえる（Ⅰ **2**）。また，いずれも原則として株主総会の特別決議による承認を必要とする点も同様である（Ⅰ **3**（2），会社783など）。もっとも，事業譲渡契約は，法的には，事業譲渡契約当事者間の債権契約にすぎず，合併などのように包括承継の効果（会社750・759など）を生じさせるものではない。したがって，それらの間には以下のような差異が生じることになる。

　第1に，事業譲渡の対象とされた財産などの集合体を構成しているような個々の財産については，その種類に応じて個別に移転の手続がなされ，第三者対抗要件に係る措置が講じられることになる（Ⅱ **1**）。

　第2に，例えば，会社分割の場合，吸収分割契約または新設分割計画において，分割会社の権利義務のうち具体的にどの範囲のものが承継されるかどうかが定められる（会社758②・763Ⅰ⑤）。実際の契約・計画において分割会社の債務を免責的に承継することが定められた場合，債権者の承諾なくして，承継会社または設立会社のみが債務者となり，分割会社は債務者ではなくなる（当該債務を免れる）。したがって，当該債権者は分割会社に対して債務の履行を請求することはできなくなる。確かに，承継会社または設立会社に対しては請求することはできる。しかし，特に不採算事業に係る権利義務が承継されたような場合には，請求しても履行してもらえない可能性が高くなる。そこで，当該債権者は，会社分割に対して異議を述べることができる（原則として債務の弁済の措置などが講じられる）とされる（会社789Ⅰ②・810Ⅰ②）。

　他方で，事業譲渡の場合には，事業譲渡契約によって譲渡の対象となる財産などが定められることになる（Ⅰ **3**（1））。実際の契約において譲渡会社の債務を承継することが定められた場合であっても（Ⅲ **1**と対比），債権者の承諾などがなければ，当該債権者との関係では，譲受会社のみが債務者となったり，その反面，譲渡会社が債務者ではなくなる（当該債務を免れる）ということはない。つまりは，当該債権者は，承諾などをしない限りは，依然として譲渡会社に対して債務の履行を請求することができる（なお，当該債権者は，譲受会社に対しても債務の履行を請求することができる可能性がある〔併存的債務引受が行われた場合〕）。したがって，当該債権者は，事業譲渡に対して異議を述べることができるとはされていない。

はいえ，特約によっても30年を超えて譲渡人に競業避止義務を負わせることはできないとされている（16Ⅱ，会社21Ⅱ）。これも，譲渡人の営業の自由を不当に制限すべきではないという考え方に基づくものである。

なお，競業避止義務を負う区域・期間の外であっても，譲渡人は，不正の競争の目的をもって同一の営業を行ってはならないとされている（16Ⅲ，会社21Ⅲ）。譲渡人が譲受人の顧客を奪おうとするなど，営業譲渡の趣旨に反する目的で同一の営業をするような場合には不正な競争の目的があるとされるといわれている。

譲受人は，以上の競業避止義務に違反した譲渡人に対して，債務不履行または不法行為に基づく損害賠償請求をすることができる。ただし，競業禁止義務を定める他の規定とは異なり（23Ⅱ，会社12Ⅱ・423Ⅱなど），損害額は推定されない。

Ⅲ　営業譲渡契約の各当事者（譲渡人と譲受人）と第三者との関係

1　譲渡人の残存債権者との関係（譲渡人の債務を承継しない特約がある場合）

営業譲渡契約において営業譲渡の対象から，譲渡人のそれまでの営業によって生じた特定の債務が除外されることがある（Ⅰ3（1）。コラム10と対比）。この場合には，当該債務に係る債務者の立場にあるのは依然として譲渡人である。したがって，本来であれば，当該債務に係る債権者（譲渡人の残存債権者）は，譲受人に対して債務の履行を請求することはできないはずである。確かに，譲渡人に対して債務の履行を請求することはできる。しかし，特に優良な営業が譲渡されてしまったような場合（しかも譲渡人が受け取る対価が不当に少ないときなど）には，譲渡人に対して債務の履行を請求しても履行してもらえない可能性が高くなる。そのような譲渡人の残存債権者が譲受人に対しても債務の履行を請求することができるようにして当該債権者を保護するための規定がいくつか用意されている。

（1）　譲受人が譲渡人の商号を引き続き使用する場合（商号続用がある場合）

第1に，譲受人は，譲渡人の商号を引き続き使用する場合に，譲渡人の営業によって生じた債務を弁済する責任を負うとされている（17Ⅰ，会社22Ⅰ）。この規定によれば，譲渡人の残存債権者は，譲受人に対しても債務の履行を請求することができる。さらに，当該債務に係る債務者は依然として譲渡人であるので，譲渡人に対しても請求することができる（その趣旨についてはコラム11）（ただし，

そうであるにもかかわらず，以上の弁済責任を譲受人が負う場合において，譲渡人の責任は，営業譲渡の日後2年以内に請求または請求の予告をしない債権者に対しては，その期間を経過した時に消滅する〔17Ⅲ，会社22Ⅲ〕。つまりは，併存的債務引受（民470）が行われた場合と同様の状況になるのである。なお，譲受人は，譲り受けた営業の積極財産の限度で責任を負うのではなく，無限責任を負担すると理解されている。

譲受人が譲渡人の商号を引き続き使用する場合とは，完全に同一の商号を使用する場合のみを意味するのであろうか。この点について，最高裁は，譲渡人が「有限会社米安商店」という商号を使用していたところ，譲受人が「合資会社新米安商店」という商号を使用した場合について，商号の続用にはあたらないとした（最判昭38・3・1民集17・2・280〔百選20〕）。他方で，自然人である譲渡人が使用していた商号に「株式会社」の文字を付加した商号を譲受人が使用した場合について，商号の続用にあたるとした裁判例もある（東京地判昭34・8・5下民集10・8・1634等）。

なお，預託金会員制のゴルフクラブの事業が預託金返還債務を除外して譲渡され，ゴルフクラブの名称が譲受会社に続用されていたが，ゴルフクラブの名称とは異なる譲渡会社の商号は続用されていないというような場合に，この規定が類推適用され，会員が譲渡会社ではなく譲受会社に対して預託金返還請求をすることができるかどうかが争われた。この点について，最高裁は，一定の場合には類推適用されると判示している（最判平16・2・20民集58・2・367〔百選21〕。会社分割に係る事案については，最判平20・6・10判時2014・150）。

（2）　譲受人が譲渡人の商号を引き続き使用しない場合（商号続用がない場合）

第2に，譲受人は，譲渡人の商号を引き続き使用しない場合であっても，譲渡人の営業によって生じた債務を引き受ける旨の広告をしたときは，当該債務を弁済する責任を負うとされている（18Ⅰ，会社23Ⅰ）。この規定によれば，譲渡人の残存債権者は譲受人に対して弁済の請求をすることができる。さらに，この場合も，当該債務に係る債務者は依然として譲渡人であるので，譲渡人に対しても請求することができる（ただし，18Ⅱ，会社23Ⅱ）。つまりは，併存的債務引受（民470）が行われた場合と同様の状況になるのである。

譲渡人の営業によって生じた債務を引き受ける旨を広告する方法には，不特定

多数人に対する新聞広告、チラシ、インターネット上の広告だけではなく、債権者に対して個別的になされた書状や電子メールも含まれると理解されている。また、広告中に「債務を引き受ける」という文言が記載された場合だけではなく、その趣旨であることが認められる記載がなされていればよいと考えられている。この点について、営業を譲り受けるとの広告中の記載には債務引受の趣旨が含まれると解する最高裁判決もあった（最判昭29・10・7民集8・10・1795）。当該判決に対して、学説の多くは、その広告は営業譲渡・譲受けに係る事実を通知したものであるにすぎないから、債務引受の趣旨が含まれているとはいえない、と批判していた。その後、取引先に対する挨拶状（これ自体は広告の一方法になる可能性があると理解されている）中に（営業の譲渡・譲受けという文言ではないがそのことを明らかにするものであるといえる）業務継承という文言が用いられていた事案について、最高裁は当該挨拶状の記載には債務引受の趣旨は含まれていないとした（最判昭36・10・13民集15・9・2320〔百選23〕）。前述の批判にかんがみれば、この判決は肯定的に評価されることになろう。また、取引先との関係を維持するために営業譲渡・譲受けがなされたことが記載された挨拶状を送付することを困難にするべきではない、という観点からしても評価されよう。

（3）詐害的な営業譲渡がなされた場合　譲受人は、譲渡人の商号を引き続き使用する場合であっても、営業を譲渡した後、遅滞なく、譲渡人の債務を弁済する責任を負わない旨を登記するか、譲渡人とともに債権者に対してその旨を通知することによって、弁済責任（（1））を免れることができる（17Ⅱ，会社22Ⅱ）。また、譲渡人の商号を引き続き使用しない（もしくは使用していないとされる）場合にも、広告さえしなければ、同様である（（2））（18Ⅰ，会社23Ⅰ）。

しかし、そのような場合であっても、譲渡人の残存債権者が譲受人に対して債務の履行を請求する（譲受人が弁済責任を負う）ことを可能にする規定が、平成26（2014）年会社法改正に伴って新設された。すなわち、譲渡人が譲受人に承継されない債務の債権者（譲渡人の残存債権者）を害することを知って営業を譲渡した場合に、譲渡人の残存債権者は譲受人に対して当該債務の履行を請求することができる（18の2Ⅰ，会社23の2Ⅰ）。この規定は、民法上の詐害行為取消権（民424）およびそれに係る判例・学説（特に会社分割に係るもの）を参考にして新設されたものである。ただし、営業譲渡に際して承継することが定められた譲渡人の債務

に係る債権者（コラム10）や営業譲渡前から存在した譲受人の債権者の利益にも配慮する必要があると考えられている。そこで，そのような必要性などにかんがみて，譲渡人の残存債権者は，承継された財産の価額を限度として債務の履行を請求することができるにとどまるとされている（18の2Ⅰ，会社23の2Ⅰ。その他にも，譲受人側の利益に配慮している規定として，18の2Ⅱ，会社23の2Ⅱがある）。

2 譲渡人の残存債務者との関係（譲渡人の債権を承継しない特約がある場合）

営業譲渡契約において営業譲渡の対象から，譲渡人のそれまでの営業によって生じた特定の債権が除外されることがある（Ⅰ3(1)）。この場合には，当該債権に係る債権者の立場にあるのは依然として譲渡人である。したがって，当該債権に係る債務者（譲渡人の残存債務者）は，譲受人に対して債務の履行をしても，それは有効ではないはずである。

しかし，特に商号が続用されている場合には，譲渡人の残存債務者は，営業譲渡がなされたことを知らないで譲受人を譲渡人であると誤認することがありうる。そこで，そのような残存債務者を保護するために，譲受人に対する債務の履行を有効とし，依然として債権者であるはずの譲渡人に対して二重に履行しなくてもよいとする規定が設けられている。すなわち，譲受人が譲渡人の商号を引き続き使用する場合において（Ⅲ1(1)），譲渡人の営業によって生じた債権について，譲受人に対して行った弁済は，弁済者が善意であり，その者に重大な過失がないときは，効力を有するとされている（17Ⅳ，会社22Ⅳ）。

コラム11　17条の趣旨

17条（特に17Ⅰ～Ⅲ，会社22Ⅰ～Ⅲ）の趣旨については，多数の学説がある。第1に，商号が続用される場合には，外部的には同一の営業が継続しているようにみえ，譲渡人の残存債権者は，営業譲渡がなされたことを知りえないし，かりに知っていたとしても，債務（残存債権者からすれば債権）は譲受人に移転したと考えるのが通常であるから，そのような債権者の信頼を保護するため，17条が定められたと理解する説がある（判例〔最判昭29・10・7民集8・10・1795〕も同様に理解していると考えられている）。第2に，譲渡人のそれまでの営業によって生じた債務は営業を構成している個々の財産などを担保としていると認められるから，当該債務に係る債権者を保護するために17条が定められたと理解する説がある。以上2説が代表的なものであるが，その2説にもそれ以外の説にもさまざまな難点があり，今のところ17条の趣旨を完全に説明することができる学説は存在しないといわれている。

善意とは，債権が移転されなかったという事実ではなく，営業譲渡がなされたという事実を知らなかったことをいうと理解されている。また，善意かつ無重過失であれば債務の履行が有効であるとされるから，同趣旨の規定である民法478条（善意かつ無過失であれば有効であるとしている）よりも残存債務者にとって有利になっている。もっとも，商号が続用されていない場合には，債務者は，民法478条により保護されるにすぎない。別の商号が使用されている場合には営業譲渡がなされたことを知ることができると考えられたからであると理解されている（ただし，営業所における営業の外観は営業譲渡がなされてもさして変更しないのが通常であるから，必ずしもそのようにはいえない可能性もあるとの指摘がある）。

なお，以上とは異なり，譲渡人の債権が営業譲渡の対象とされた場合であって，債権譲渡の手続がなされ，第三者対抗要件（民467）に係る措置が講じられたときには（Ⅰ**3**(1)，Ⅱ**1**），当該債権に係る債務者は，譲受人に対する債務の履行のみを有効であるとされることになろう。

Ⅳ 営業の賃貸借・営業の担保化・経営の委任

営業譲渡に関する規定（16～18の2，会社21～23の2）が類推適用されるべきであると考えられている行為として，営業の賃貸借と経営の委任がある（いずれも営業譲渡と同様の機能〔Ⅰ**2**〕を有すると考えられている）。

営業の賃貸借とは，客観的意義の営業の全部または一部を他人に賃貸する行為である。その営業は賃借人の名で行われ，賃借人は賃貸人に賃料を支払い，営業上の損益は賃借人に帰属する。まずは営業の賃貸借契約が締結されるが，会社が当該契約の当事者となる場合には追加的な手続をとることが要求されている（会社467Ⅰ④・309Ⅱ⑪）。関連して，営業を一体として担保とすること（営業の担保化）は，営業譲渡や営業の賃貸借と同様の機能を果たしうるといわれているが，それを可能にする法律は制定されていない。

また，経営の委任とは，営業の経営を他人に委任することをいう。営業の賃貸借とは異なり，営業は委任者の名で行われる（営業上の損益は委任者に帰属する場合と受任者に帰属する場合がある）。

第5章　商業帳簿

I　総　　説

1　商業帳簿の目的

（1）　**合理的な企業活動**　商法は，商人に対してその営業のために使用する財産について，法務省令で定めるところにより，適時に，正確な商業帳簿を作成することを義務付けている（19Ⅱ）。

　商人が合理的な営業を行うためには，その営業活動の成果（財産や損益）を正確に把握しておく必要があり，そのために商人は商業帳簿を作成する。商業帳簿は，商人が現在どれだけの財産を有していて，そしてその財産を使って営業活動を行い，その結果どれだけの利益を得または損失を被ったのかを数値として客観的に把握するのに役立つのである。しかし，商人が合理的な企業活動を行うという理由だけであれば，商業帳簿の作成は商人の自由にゆだねればよく，商法により特に規制する必要がない。商法上規制をするのは主に次の目的があるからである。

（2）　**企業関係者の保護**　商業帳簿は，それを開示することによって，企業関係者すなわち債権者，取引の相手方および出資者の保護に役立つ。商業帳簿により商人の財産状況，損益の状況および支払能力を明らかにすることで，商人の債権者・取引の相手方は，商人が取引の履行または債務の弁済をするだけの財産を有しているのか，不当に財産を隠匿していないかなどをチェックすることができる。また，商人に対して出資をした者は，自己の出資した財産がいったいどのように利用されているのか，それによりどれだけの利益（または損失）が生じたのかを知ることができる。そして，紛争が生じた場合には，商業帳簿は重要な証拠となる。すなわち，商業帳簿制度は，商人自身の合理的な経営のためだけでな

く，商人の債権者，取引の相手方および出資者の保護のために存在する。商業帳簿にこのような目的がある以上，その作成を商人の自由にゆだねるのではなく，債権者・出資者等の他人が把握できるような統一的な基準によらなければならず，法的に規制する必要がある。

　加えて，企業形態ごとに商業帳簿の特別な必要性が生じる。まず，個人商人の場合には，個人的な生活を有していることから，営業上の会計と家計との峻別を図るという意味でも重要である。また，株式会社の場合には，第1に，株主が有限責任しか負わないので，特に会社債権者のために会社の財産状況を明確にしておく必要がある。次に，出資者であり剰余金の配当にあずかる株主に対しても，自ら経営を行わないことから（所有と経営の分離），会社財産および損益の状況を明らかにする必要性は高くなる。ただし株式会社については商業帳簿という概念はなく，会計帳簿，計算書類および事業報告の作成が義務付けられている（会社432・435参照）。

　その他，課税の資料としても重要な意義をもつ。

　以上のように，商人の商業帳簿の作成はさまざまな目的から必要とされ，法律上の義務として規制される。

2　商業帳簿の法規制

（1）　**商業帳簿規制の展開**　商業帳簿が一般的制度として確立したのは，明治32（1899）年の商法典制定においてである。しかし，当時の規定は不完全であり，企業会計の理論および慣行からかけ離れていた。その後，昭和13（1938）年改正など若干の改正が行われたが，より抜本的な改正が要請されていた。従来の

> **コラム 12**　昭和49（1974）年の商法改正の内容
> 　昭和49（1974）年における商業帳簿に関する主要な改正点は，①商業帳簿の作成は商人の営業上の財産および損益の状況を明らかにすることを目的とする旨の規定を設けたこと，②商業帳簿の作成に関する規定の解釈については，公正なる会計慣行を斟酌すべしとする規定を設けたこと，③財産目録を廃止したこと，④貸借対照表の作成は会計帳簿に基づいてなされるという誘導法を採用したこと（従来は，財産目録を作成し，それに基づいて貸借対照表を作成するという財産法を採用していた），⑤資産の評価につき原則として原価主義を採用したこと（従来は単純な時価以下主義であった）である。現行法においてもこの考え方は基本的に引き継がれている。

商業帳簿規制は，債権者保護の観点を過度に強調し，企業を解体した場合の財産価値を示すものであった。しかし，それは現実的ではなく，実際には，企業会計の理論は企業の解体価値を示すのではなく企業の収益力を示すことを正当としていた。さらに，債権者保護は重要であるとはいえ，債権者は通常，企業の収益から弁済を受けるものであることを考慮すべきであった。

　昭和49（1974）年の商法の改正によって，監査強化のために，株式会社の大会社において会計監査人の監査が強制されることになった。しかし，すでに上場会社については，証券取引法（現金融商品取引法）において，公認会計士または監査法人の監査を受けることが要求されていた。監査の対象となる商法上の計算書類と証券取引法上の財務諸表とが異なる会計基準によるのでは，煩雑でありかつ混乱を招くおそれがあることから，両者の会計基準を一致させる必要があった。そこで，昭和49（1974）年の改正によって，商法総則の商業帳簿規定が全面的に改正され，その規定の内容が企業会計の理論および慣行と一致するものとなった（株式会社の計算規定は，昭和37〔1962〕年にすでに企業会計の理論が取り入れられていたが，商法総則の商業帳簿規定は，これに比べて大きく遅れていた）。すなわち，ここで商法の計算書類の体系が証券取引法上の財務諸表の体系と一致することとなった。

　平成17（2005）年には，会社法が制定されたことに伴い，商法総則の商業帳簿規定が改正された。従来は会社に対しても商法の規定が適用されたが，会社の会計に関する書類には会社法が適用され，会社以外の商人に対してのみ，商法の商業帳簿規定が適用されることになった。また，平成17（2005）年改正前の商法で

コラム 13　商業帳簿の電子化

　従来は，商業帳簿は書面により作成されていたが，高度情報化社会の到来に対応するため，平成13（2001）年商法改正によって電磁的記録によっても作成することができることとした。電磁的記録とは，電子的方式，磁気的方式，その他人の知覚によっては認識することができない方式で作られる記録であって，電子計算機による情報処理の用に供せられるものをいう（商施規2④，539Ⅰ②）。従来はこれらのものによる商業帳簿の作成が可能であるのかは議論があったが，この改正により立法的な解決をみた。商業帳簿の電磁的記録による作成が可能になり，その保存・利用を効率的に行うことができ，その結果，業務運営の効率化を図ることができる。

　貸借対照表が書面をもって作成されたときは，作成者がこれに署名しなければならないが，電磁的記録をもって作成された場合には，署名に代わる措置すなわち電子署名によることを要する（電子署名及び認証業務に関する法律2Ⅰ）。

は資産評価につき規定を有していたが（平成17〔2005〕年改正前商34），現行法ではこれを規定せず法務省令にゆだねている（19Ⅱ，商施規5）。

（2）　企業形態と企業会計規制　　商業帳簿規制を含む企業会計規制の態様は，企業の形態によって異なる。

個人商人は，営業財産がなくなった場合であっても，個人の財産をもって，営業上の債権者に対して責任を負わねばならない。そのために，営業財産の確保の要請はあまり強くなく，営業財産の状況を示す商業帳簿もまた最低限のものを作成すれば足りる。

これに対して，株式会社では，会社財産がなくなった場合には株主は出資した以外はなんら責任を負わない（有限責任）。よって，会社財産の確保の要請が強くなり，企業会計規制も厳格なものになる。すなわち，株式会社においては，個人商人に対して作成が要求されている会計帳簿および貸借対照表以外に，損益計算書，事業報告およびこれらの附属明細書の作成が要求される（会社432・435）。なお，株式会社においては，その規模によって会計監査の態様も異なり，特に，大会社（会社2⑥）においては，会計監査人（公認会計士または監査法人）の監査を受けなければならない（会社328・396・436Ⅱ）。

株式会社の上場会社においては，投資者保護の観点から，会社法のみならず金融商品取引法も適用される。すなわち，上記の株式会社に作成が要求されている書類については，会社法およびそれに基づく「会社法施行規則」・「会社計算規則」の規制を受けるとともに，決算確定後に外部に公表する財務諸表については，金融商品取引法，それに基づく「財務諸表等の用語，様式及び作成方法に関する規則」（財務諸表規則）を受ける。

さらに，罰則規定においても差異がある。個人商人が，商業帳簿の作成・保存・提出の義務に違反した場合であっても，特に制裁はない。会社の違反に対しては，過料の制裁が定められている（会社976⑦⑧）。ただし，個人商人であっても破産した場合には，債権者を害する目的による商業帳簿の隠滅・偽造・変造は，一定の刑罰を科せられる（破270）。

3　商法の解釈と会計慣行

商人の会計は，「一般に公正妥当と認められる会計の慣行に従うもの」とする

(19 I，なお商施規 4 II)。株式会社においても同様である（会社431）。会計技術は，現在急速に発達し展開していることから，会計法規を硬直的な制定法にのみゆだねるのは妥当ではない。そこで，商法および会社法は，一般的に企業会計の帳簿に関する規定をおくにとどめ，あとは会計慣行にゆだねたのである。特に，株式会社においては会社法と金融商品取引法における会計基準を同一にする趣旨からも，会社法上も会計基準を会計慣行にゆだねることが妥当である。また，これにより，会社法上の監査と金融商品取引法上の監査が同一の基準の下で行われることが明確になる。

「一般に公正妥当と認められる会計の慣行」とは，商人の営業上の財産および損益の状況を明らかにするという商業帳簿の作成等の目的に照らして，一般に公正と認められている会計慣行をいう。一般に公正妥当と認められる会計慣行としては，企業会計原則等があげられる。企業会計原則とは，企業会計の実務の中に慣習として発達したものの中から，一般に公正妥当と認められたところを要約したものであって，必ずしも法令によって強制されないでも，すべての企業がその会計を処理するにあたって従わなければならない基準として，昭和24（1949）年に企業会計審議会（当時の大蔵大臣の諮問機関）が作成したものである。企業会計原則は公正な会計慣行の中心的なものであるが，その他，企業会計基準委員会は，より詳細な会計基準を定めている。基本的にこれらの企業会計原則および会計基準に従っていれば，一応公正妥当と認められる会計慣行によっているとの推定を受けると考えられている。ただし，これら以外に，公正妥当と認められる会計慣行または会計処理方法があればそれによるべきであると解されている。特に，これらの企業会計原則および会計基準は，大規模な公開株式会社を想定して設定されたものであるから，個人企業や小規模な株式会社においては，企業会計原則以外の公正な会計慣行によることを考慮する必要がある。なお，中小企業の会計には，「中小企業の会計に関する指針」（会計参与設置会社）や「中小企業の会計に関する基本要領」（その他の中小企業）が存在する。

論点 8 **公正な会計慣行と企業会計原則**
　小規模な会社において，企業会計原則に従うことが公正な会計慣行となるかどうかが1つの論点となった事例として，日本コッパース事件（東京高判平7・9・28判時1552・128）があ

る。

　X有限会社の経理部長は、Xの定期預金を無断で担保に差し入れ、不正な借入れ等を行っていた。Xとの間で会計監査契約を締結していたY監査法人は、これに気づかず、適正である旨の監査報告書をXに提出した。これに対して、XはYが監査を怠ったとしてYに対して損害賠償請求の訴えを提起した。

　争点の1つとして、本件においては「企業会計原則」が「公正なる会計慣行」として法的拘束力をもつのかが争われた（「企業会計原則」によれば、入担の事実は貸借対照表に注記すべきであるので、入担の事実につき会計監査の必要が生じるが、Yはこれを怠った）。

　東京高裁は次のように判示した。「商法32条2項（現在商法19条1項）が総則規定として有限会社に適用されると解しても、資本金1億円以下の小株式会社よりも更に小規模な有限会社について、株式公開の大会社に適用される証取会計向けの企業会計原則の全体が、……『公正なる会計慣行』であるということはできない。したがって、企業会計原則は、有限会社については、何ら法的な拘束力を及ぼさない」。

　その他、長銀粉飾決算事件においては、新しく改正された決算経理基準ではなく、従来行われてきた税法基準に従った会計処理を行ったことは、直ちに違法となるものではないと判示した（最判平20・7・18刑集62・7・2101）。

II　商業帳簿の意義・種類

1　商業帳簿の意義

　商業帳簿とは、商人がその営業のために使用する財産について、法務省令で定めるところにより、適時に作成するものとして、商法上義務付けられている帳簿（会計帳簿および貸借対照表）である（19 II）。

　よって、商人が商法上作成を義務付けられている帳簿であっても、仲立人日記帳（547）等は、商人がその営業のために使用する財産を明らかにする目的を有さないものであり、商業帳簿ではない。また、商人が営業上の財産を明らかにするために作成する帳簿であっても、商人が任意に作成するものも商業帳簿ではない。すなわち小商人が任意に帳簿を作成しても商業帳簿ではない（7）。また、会社が作成する帳簿（会計帳簿および計算書類）には会社法が適用され、商法は適用されない。商業帳簿であるか否かは、保存義務・提出義務といった法律上の効果が及ぶか否かに関するものであるために、厳格に解する必要がある。

　商法総則では、商人に商業帳簿として会計帳簿および貸借対照表の作成が義務

付けられている（19Ⅱ）。これに対して，株式会社には，会計帳簿および貸借対照表のほか損益計算書，事業報告，およびこれらの附属明細書の作成が義務付けられている（会社432・435）。その他，株式会社の清算・破産・更生等の場合に，非常財産目録の作成が要求される（会社492）。

2　会計帳簿

　会計帳簿とは，商人が一定時期における営業上の財産およびその価額，取引その他営業上の財産に影響を及ぼす事項を記載する帳簿をいう。取引その他営業上の財産に影響を及ぼす事項には，営業上の取引のみならず，商品の盗難や事故，災害等の法律行為以外による財産の滅失・毀損も含まれる。この会計帳簿を基礎として貸借対照表が作成される（商施規7ⅠⅡ）。会計帳簿の記載方法としては，商法では，法務省令で定めるところにより（商施規5），適時に正確であることが要求されている（19Ⅱ）。会計帳簿は，書面または電磁的記録をもって作成または保存することができる（商施規4Ⅲ）。

　会計帳簿には，主要簿として，日記帳（日々の取引を発生順に記載したもの）や仕訳帳（日記帳の取引を仕訳したもの），総勘定元帳（日記帳に記載した取引を各勘定別に転記したもの）があり，補助簿として，仕入帳，売上帳，手形記入帳等がある。

3　貸借対照表

　貸借対照表とは，一定の時期（決算期）における営業上の総資産を資産の部（借方）と負債の部・純資産の部（貸方）に分けて記載したものである。商人の財産の状況および損益計算を明らかにして表す帳簿である。商人の財産を種類別に記載するので，財産全体の一覧表という特徴を有し，また，資金調達の源泉が負債および純資産の部に示され，その調達された資金の具体的な運用形態が資産の部に示される。

　貸借対照表の作成時期は，個人商人については開業の時および営業年度の末日に，株式会社については会社成立の時および事業年度の末日においてである（商施規7，会社435ⅠⅡ，計算規59Ⅱ）。開業の時または会社成立の時に作成されるものを開業貸借対照表，毎営業（事業）年度に作成されるものを決算貸借対照表（年度貸借対照表・期末貸借対照表）といい，これらを併せて通常貸借対照表という。

■ 貸借対照表

(平成30年3月31日現在)

（資産の部）	（百万円）	（負債の部）	（百万円）
流動資産	181,963	流動負債	90,254
現金預金	45,596	支払手形	2,292
受取手形	12,692	買掛金	37,923
売掛金	56,456	短期借入金	5,000
有価証券	3,583	コマーシャルペーパー	7,375
製造	23,029	未払金	3,470
材料	18,265	未払法人税等	11,197
仕掛品	19,910	未払費用	21,407
その他の流動資産	3,073	前受金	615
貸倒引当金	△646	預り金	972
固定資産	90,107	固定負債	13,849
有形固定資産	32,468	社債	1,915
建物	10,053	退職金引当金	11,934
構築物	503	負債合計	104,104
機械装置	11,134		
車両運搬具	80	（純資産の部）	
工具器具備品	6,280	資本金	21,900
土地	3,992	資本剰余金	34,957
建物仮勘定	424	資本準備金	34,957
無形固定資産	87	利益剰余金	111,107
施設利用権	87	利益準備金	2,469
投資等	57,551	任意積立金	89,300
投資有価証券	53,156	特別償却準備金	17,150
子会社株式	2,800	別途積立金	72,150
子会社出資金	124	当期未処分利益	19,338
長期貸付金	171	（うち当期利益）	(10,276)
その他の投資	1,297	純資産合計	167,966
資産合計	272,070	負債および純資産合計	272,070

　これに対して，会社の合併・分割・清算・破産等の非常の場合に作成されるものを非常貸借対照表という。通常貸借対照表と非常貸借対照表は，その作成目的が異なるため，財産の評価方法・記載項目等に違いがある。

　貸借対照表は，書面または電磁的記録をもって作成または保存することができる（商施規4Ⅲ）。

　貸借対照表の形式には，勘定式と報告式がある。勘定式は，左側（借方）に資産を，右側（貸方）に負債および純資産を対照して記載する方式である。報告式は，資産，負債，純資産を上から順に記載する方式である。いずれの方式を採る

かは，商法上特に定められていないが，実務上は一般に勘定式が採られている。

貸借対照表は，資産の部，負債の部および純資産の部に区分される（商施規 8）。

資産の部には，流動資産（現金・預金，受取手形，売掛金，有価証券，商品等），有形固定資産（建物，機械，土地等），無形固定資産（特許権，商標権等），投資資産（長期有価証券，長期貸付金等）の順に記載する。さらに，株式会社の場合には，次に繰延資産が記載事項となる。負債の部には，流動負債［1年以内に支払期限の到来するもの］（支払手形，買掛金等），固定負債（社債，長期借入金等）の順に記載する。純資産の部には，資本金，資本準備金および利益剰余金の順に記載する。このような記載方法を流動性配列法という。

4　計算書類等

株式会社では，会計帳簿・貸借対照表以外に，①損益計算書，②事業報告，および③これらの附属明細書の作成が要求されている（会社432・435）。貸借対照表，損益計算書およびその他株式会社の財産および損益の状況を示すために必要かつ適当なものとして法務省令で定めるものを計算書類という（会社435Ⅱ）。

①　損益計算書（会社435Ⅱ）　損益計算書とは，株式会社が一定期間にどれだけの費用を使ってどれだけの収益を得たのか，つまり，1会計期間（通常1年間）における企業の経営成績を明らかにする書類である。本来の営業活動によるものとそれ以外のものに分けて総括し，その期間の利益または損失の算出過程を示すものである。その形式としては，勘定式と報告式があるが，報告式によることが多い。

コラム 14　商業帳簿，計算書類，財務諸表

商業帳簿（会計帳簿・貸借対照表）以外にも，法律により企業が作成を要求されている会計上の書類が存在する。商人に作成が義務付けられている商業帳簿，株式会社に作成が義務付けられている計算書類および事業報告，さらに，株式会社の上場会社に作成が義務付けられている財務諸表がある。すべての株式会社に，会計帳簿，計算書類（貸借対照表・損益計算書），事業報告の作成が義務付けられており，さらに計算書類と事業報告にはこれらの附属明細書も要求される（会社432・435）。財務諸表とは，金融商品取引法の規定によって提出される財務計算に関する書類のことであり，これには，貸借対照表，損益計算書および附属明細書は含まれるが，事業報告は含まれていない（財務諸表規則1Ⅰ）。

② 事業報告（会社435Ⅱ）　会社の状況に関する重要事項を文章の形式で表したものである。貸借対照表や損益計算書で表されないものは，これに記載される。文章によって記載することで，株主等の理解を容易にさせることを目的とする。

③ 附属明細書（会社435Ⅱ）　貸借対照表，損益計算書および事業報告の内容を補足する事項を記載する書類である。

Ⅲ　資産の評価

1　資産評価の基準

　会計帳簿には，各種の財産に価格を付する必要がある。ところがその価格をどのような基準をもって付するかは重要な問題である。すなわち，資産につき過大な評価が行われた場合には，商人が現実に保有している財産以上のものが帳簿上に生み出され，債権者・取引の相手方は誤認してしまうおそれがある。逆に，過小な評価が行われた場合には，企業の財政状態や経営成績がゆがめられ，また会社における秘密準備金は出資者の利益を害するおそれもある。そこでどのような基準によって評価されるべきかは厳格に規制されねばならない。

　資産の評価に関する基本的な考え方は以下の通りである。

① 原価主義　資産の取得原価または製造原価を基準として評価する立場である。他から取得した資産についてはその取得価格，自ら製作した資産については製作価格を付し，また，固定資産については適正な減価償却額を控除した価格で評価される。見積り・予測という不確実な要素が少なく，損益計算において営業活動の成果を正確に示すものであるとして，現在の企業会計における基本原則とされる。商法施行規則もこの立場を原則とする（商施規5Ⅰ）。

② 時価主義　評価時の時価すなわち市場価格・交換価格を基準として評価する立場である。市場価格としては処分価格（売却価格）と買入価格（再調達価格）とがある。資産の現在の価値を正確に示すものではあるが，時価が原価を上回っているときは，評価益が計上されることになる。

③ 低価主義　資産の原価と時価とを比較し，常に低いほうの価格を基準として評価する立場である。評価益が計上されることはないが，時価が原価を下回

ったときは評価損が計上される。資産評価が堅実であるとして，債権者保護の要請に応えるものである。

商法では，評価の基準は法務省令によって定められる（19Ⅱ，商施規5）。

2 評価の対象となる資産とその評価

商人の資産は，流動資産，固定資産および金銭債権に大きく分類される。

流動資産とは，原則として1年以内に消費または換金できる財産であるとされる。例えば，原材料・仕掛品・半製品・商品等はこれにあたる。ただし，別個に考慮すべき金銭債権と評価の必要のない現金は含まれない。流動資産は，原則として取得原価により評価されることになる（商施規5Ⅰ本文，なお但書参照）。しかし，営業年度の末日における時価がその時の取得原価よりも著しく低いときは，その価格が原価まで回復すると認められる場合を除いて，営業年度の末日における時価による評価が必要となる（商施規5Ⅲ①）。

固定資産とは，長期（1年を超える）にわたり，継続して営業の用に供される財産をいう。固定資産は，土地・建物・機械等の有形固定資産と，特許権・商標権等の無形固定資産，株式・社債等の投資資産に分けられる。ただし，株式については支配目的で保有するものは固定資産であるが，投資目的で保有するものは流動資産に分類される等，保有形態によっては流動資産に分類されるものもある。固定資産の評価の特徴としては，減価償却が要求されることである（商施規5Ⅱ）。減価償却とは，当該資産の耐用年数にわたって，資産の種類に応じて一定の方法で償却することである。ただし，その性質上，土地は減価償却の対象にはならない。予測することのできない減損が生じた，または減損損失を認識すべき場合には，通常の償却とは別に，相当の減額をしなければならない（商施規5Ⅲ②）。減損は，災害等による場合のほか，新技術の出現等による陳腐化による場合も含まれる。

金銭債権には，売掛金・受取手形・貸付金等が含まれる。金銭債権については，原則として債権金額により評価しても問題がないようであるが，取立不能見込額があるときはそれを控除して評価する必要がある（商施規5Ⅳ）。

Ⅳ　商業帳簿の保存・提出義務

1　商業帳簿の保存義務

　商人は，10年間，その商業帳簿および営業に関する重要書類を保存しなければならない（19Ⅲ，株式会社では会社432Ⅱ・435Ⅳ）。10年の期間は商業帳簿については帳簿閉鎖の時から起算される。帳簿閉鎖の時とは，決算締切の時をいい，最後に記載・記録された時をいうのではない。営業に関する重要書類とは，営業に関して受け取った契約書，受領証等が含まれる。これらは後日紛争が起きたときの証拠として意味をもつ。よって，重要かどうかは，後日紛争の証拠書類として重要かどうかを基準として判断される。保存期間内は，商人が営業を廃止して商人資格を喪失した場合であっても保存義務を負い，個人商人が死亡した場合にはその相続人が保存義務を負う。また，営業とともに商業帳簿を譲渡したときは，営業の譲受人がこれを負担する。

2　商業帳簿の提出義務

　裁判所は申立てまたは職権により訴訟当事者に商業帳簿またはその一部の提出を命じることができる（19Ⅳ）。すなわち，文書の提出義務については，民事訴訟法219・220条の規定にかかわらず，当事者に対して当然に商業帳簿の提出義務を課し，かつ当事者の申立てによらずとも裁判所が職権で提出を命じることができる。しかし，商業帳簿には特別の証拠力があるわけではなく，その証拠力は民事訴訟法の一般原則に従い，自由心証主義によって決せられる。ただし，公正な会計慣行に基づいて整然かつ明瞭に作成された商業帳簿は，実際上は強い証拠力を有することになろう（参照，大判昭17・9・8新聞4799・10〔百選25〕）。

　訴訟当事者が提出義務に違反した場合，相手方の使用を妨げる目的で滅失させたり，使用することができないようにした場合には，過料に処されるとともに，裁判所は，商業帳簿に関する相手方の主張を真実と認めることができる（民訴224ⅠⅡ・225）。

論点 9　商業帳簿の提出命令の対象

　証券会社の相場操縦により損害を被ったとして，当該証券会社に損害賠償請求を提起した者が，この相場操縦を立証するために，旧証券取引法（現金融商品取引法）所定の有価証券売買日記帳および商品有価証券勘定元帳について，平成17（2005）年改正前商法35条（現行商法19条4項であるが会社にも適用された）により文書提出命令を申し立てた事例がある（東京高決昭54・2・15判時925・69〔百選26〕）。東京高裁は，平成17（2005）年改正前商法35条にいう商業帳簿は商人の商法上の義務として作成されたものをいい，他の法令上の義務として作成されたものはこれに該当しないと解するのを相当とするとして，前記書類は同条による提出命令の対象となる商業帳簿ではない，と判断した。この判決に対しては，特別法上の義務として作成されたものであっても，商人の営業および損益の状況を明らかにするものであれば，それを商業帳簿と解して，平成17（2005）年改正前商法35条の提出命令の対象とすべきとする批判がある。

第6章　商業使用人

I　総　　説

1　商人の補助者

　商人が広範にその営業活動を行う場合，多くの補助者が必要となる。補助者は，企業の内部にあって活動する者（企業内補助者）と，企業外でそれ自体が独立の商人として活動する者（企業外補助者）に区分される。後者を，講学上，補助商という。

　企業内補助者のうち，会社（および外国会社）以外の商人の商業使用人については商法総則に，会社（外国会社を含む）の商業使用人については会社法総則に規定がおかれている。企業外補助者（補助商）には，代理商，仲立人，問屋，運送取扱人等があり，このうち，代理商は，特定の商人のために継続的に営業を補助する点が商業使用人と類似することから，商法総則および会社法総則に規定がおかれている。代理商以外の補助商は，不特定多数の商人を補助する者であり，商行為編に規定がおかれている（なお，商法の商行為編の規定は，会社にも適用される。会社5・11参照）。

2　商業使用人の意義

　商業使用人とは，一定の商人に従属して，すなわち，指揮命令に服して，商人の営業活動を補助する者のうち，商人の営業上の代理権（商業代理権）を有する者をいう。企業内補助者のうち，商業代理権を有する者が商業使用人ということになる（代理権の有無を問わず商業使用人と解する立場も有力であるが，商法総則および会社法総則の規定は，後述のように主として代理関係に関する規定であるので，解釈上の問題は生じない）。

商人と商業使用人との間には，通常，雇用関係がある。雇用関係がない場合に（家族，友人等），商業使用人と解すべきかについては，争いがある。通説は，これを否定するものの，必要に応じて商業使用人の規定が類推適用されると解するので，これを肯定する説と結論として大差は生じない。

なお，商人の代理人であっても，法定代理人（親権者，後見人）は，本人たる商人の指揮命令に服さないので商業使用人ではない。また，株式会社の代表取締役のように，会社の機関として営業を行う者も商業使用人ではない。

3 商業使用人に関する規定

商業使用人として，商法総則および会社法総則は，支配人，表見支配人，ある種類または特定の事項の委任を受けた使用人，および物品販売等を目的とする店舗の使用人について規定をおく（20〜26，会社10〜15・918参照）。商人と商業使用人との代理権に関する規整が中心である。反復的，継続的に行われる商取引において，取引の円滑と安全を確保するために，代理について，民法の特則が定められている。これに対して，商人と商業使用人との労務関係については，民法ないし労働法による規整にゆだねられる。

II 支配人

1 意　義

支配人とは，商人に代わって，その営業に関する一切の裁判上または裁判外の行為をなす権限を有する商業使用人をいう（21 I。会社の場合，会社11 I）。現在の通説は，このような法定の包括的な代理権（支配権）を与えられた者が支配人であるとし，ある者が支配人に該当するか否かは，その名称にかかわらず，実質的に支配権を有しているかどうかによって決まると解する（実質説）。支配人の包括的代理権は，対外的に制限することができない。

ある者が支配人であるかどうかは，取引相手にとっても重大な利益があるので，支配人を選任した場合，またはその代理権が消滅した場合は，必ず登記しなければならない（22，会社918）。小商人は，登記制度を利用できないので（7），自動的に支配人の制度も利用できない。

> **論点 10　支配人の意義**
> 　支配人の意義について，本文で述べた通説に対して，従来から，支配人とは，本店または支店の営業の主任者である商業使用人をいう，とする有力説が唱えられている（会社10参照，会社以外の商人については，平成17（2005）年改正後は，営業所の主任者である商業使用人をいう，とすべきことになろう〔20〕）。この立場は形式説と呼ばれ，これによれば，本店の営業本部長，支店長等の地位に選任された者が支配人となる。
> 　この立場は，通説のように，実質的に支配権ある者のみを支配人と定義づけると，その包括的代理権に少しでも制限を加えた場合，そもそも，その者は支配人でなくなってしまうとし，それでは，商法21条3項（会社11Ⅲ）の規定が無意味になると批判する。また，支店の支店長等として選任された以上，実際には，制限された代理権しか与えられていない場合であっても，選任者の意図にかかわらず，法律上当然に包括的かつ不可制限的な代理権を有すると解してこそ，支配人制度の趣旨が達成されるとする。
> 　これに対して，通説は，支配人の権限について，内部的に代理権を制限することは可能であるとしているが，有力説の批判に対して必ずしも正面から応えていないようにも思われる。最近では，通説と有力説の立場はほぼ拮抗している。今後は，商法25条（会社14）のある種類または特定の事項の委任を受けた使用人の意義を含めて，どちらがより整合的な説明を可能にするかという観点から検討される必要があろう（**論点12** 参照）。

2　選任・終任

（1）**選　任**　会社以外の商人は，支配人を選任し，その営業所において，その営業を行わせることができる（20）。会社の場合，会社は，支配人を選任し，その本店または支店において，その事業を行わせることができる（会社10）。選任にあたっては，支配権の授与を伴う雇用契約が締結される。

　株式会社の場合，支配人は，取締役会設置会社では，取締役会の決議により（会社362Ⅳ③，ただし指名委員会等設置会社では執行役に選任を委任できる。会社416Ⅳ参照），それ以外の会社では取締役の過半数による決定により（会社348Ⅲ①），選任されなければならない（持分会社について，会社591Ⅱ参照）。支配人の代理権は広範に及び重大な事項であるからである。

　なお，株式会社において，取締役会の決議なく代表取締役によって行われた支配人選任行為について，内部的制限に違反したにとどまりこれを有効であると解する説と，支配人の選任は対内的業務執行行為に属することを理由に無効であると解したうえ，表見支配人制度（会社13）や不実の登記に関する会社法908条2項

により第三者を保護するとする説とが対立している。

　支配人は自然人でなければならないが，行為能力者である必要はない（民102本文）。株式会社では，当該会社およびその親会社の監査役および会計参与との兼任が禁じられる（会社335Ⅱ・333Ⅲ①。なお独禁13・2Ⅲ参照）。

　支配人の選任にあたっては，商人を代理すべき営業所を特定する必要がある（会社以外の商人が数個の商号を使用して数種類の営業を行う場合は，代理すべき営業および商号も特定する必要がある。商登43Ⅰ③参照）。ある者が，本店，支店ないし数支店の支配人を兼ね，数商号の支配人を兼ねることもできる（総支配人）。

　（2）　終　任　　支配人は，商人との間で，（委任による）代理権の授与を伴う雇用契約を結んでいるので，代理権の消滅または雇用関係の終了事由が発生すれば，支配人は終任となる（いずれか早いほうによって支配人でなくなる）。

　代理権の消滅として，支配人の死亡，破産手続開始の決定，後見開始の審判の場合（民111Ⅰ②），商人の破産手続開始の決定（民111Ⅱ・653），および，商人または支配人からの解除（民111Ⅱ・651。会社の場合，選任と同じ手続に服する）がある。なお，商人の死亡の場合（個人商人の場合）は，商事代理の特則（506）により，当然に相続人の支配人となる。

　このほか，支配人は商人の営業を前提とするので，営業の廃止，会社の解散も終任事由となると解されている（これに対して，業務の後始末の必要性から，営業の廃止等は，終任事由とならないと解する少数説もある）。営業譲渡（会社の場合，事業譲渡）がなされた場合，終任事由となるかについては，支配人の雇用関係は営業（会社の場合，事業）の重要な要素であることから当然に譲受人に承継されるとする否定説（その場合でも，支配人は任意解約告知権〔民651Ⅰ〕を有するので不都合はないとする）と，民法625条の原則通り，支配人の明示・黙示の同意がなければ終任事由となるとする肯定説が対立している。

　（3）　登　記　　支配人の選任，終任は絶対的登記事項である（22，会社918）。会社以外の商人の支配人については，支配人登記簿において，①支配人の氏名および住所，②商人の氏名および住所，③商人が数個の商号を使用する場合には，支配人が代理すべき営業およびその使用すべき商号，および④支配人をおいた営業所が登記される（商登43）。会社の支配人については，会社登記簿において，上記のうち①および④のみが登記される（商登44）。支配人の登記は，商業登記の一

般的効力（9Ⅰ，会社908Ⅰ）が問題となる典型例である。

3 支配人の代理権

　会社以外の商人の支配人は，商人に代わり，その営業に関する一切の裁判上または裁判外の行為をなす権限を有する（21Ⅰ）。会社の支配人は，会社に代わり，その事業に関する一切の裁判上または裁判外の行為をなす権限を有する（会社11Ⅰ）。もっとも，支配人の代理権は，各営業所ごと（会社以外の商人の場合はさらに各営業ごと）に与えられる。株式会社における代表取締役も包括的代理権を有すると説明されるが，代表取締役にはこのような制限はない（会社349Ⅳ）。

　（1）　**裁判上の行為**　支配人は，営業（会社の場合，事業）に関する訴訟行為について，商人の訴訟代理人になることができる（民訴54）。弁護士を訴訟代理人として選任することもできる。

　（2）　**裁判外の行為**　支配人は，営業（会社の場合，事業）に関する一切の法律行為および法律的行為について代理権がある。営業に関する行為とは，営業の目的である行為のほか，営業のために必要な行為も含まれる。営業に関する行為にあたるかどうかは，行為の性質，種類等を勘案して，客観的・抽象的に観察して決定される（事業に関する行為も同様に解される）。平成17（2005）年改正前商法の事例として，信用金庫の支店長が，顧客用の当座小切手用紙を使って，自己宛の先日付小切手を作成して振り出した事案について，信用金庫の営業に関する行為であるとした判例がある（最判昭54・5・1判時931・112）。

　なお，支配人は他の商業使用人も選任できるが（21Ⅱ，会社11Ⅱ。なお，会社362Ⅳ③），これは営業（会社の場合，事業）に関する行為として当然のことを定めたにすぎず，この規定は，支配人は，他の支配人を選任することができないことを明らかにする点に意味がある。

　（3）　**代理権の濫用**　支配人が，客観的に商人の営業（会社の場合，会社の事業）に関すると評価される行為を，商人の名で，しかし自己の利益のために行った場合は，代理権の濫用事例となる。民法は，代理人が自己または第三者の利益を図る目的で代理権内の行為をした場合において，その行為の相手方がその目的を知り，または知ることができたときは，その行為は無権代理とみなすとしている（民107）。

（4）**代理権の制限**　支配権は，包括的かつ定型的な，法定の代理権であり，これは制限することも，拡張することもできない（誤って登記されても無効である）。もっとも，内部的にはそのような代理権を制限することは可能である（**論点10**参照）。

しかしながら，取引相手方にとってみれば，一般に，そのような内部的な制限を知ることはできず，取引後に，本人たる商人が，内部的制限に違反することを理由に当該取引の効力を否定できるとすると，相手方は不測の損害を被る。

このため，支配人の代理権に制限を加えても，善意の第三者に対して，その制限を主張することができない，すなわち対抗できないとされている（21Ⅲ，会社11Ⅲ）。ここでの善意とは，過失があってもよいが，重過失がある場合は悪意と同視される。悪意または重過失の立証責任は商人に課される。

4　支配人の義務

支配人は商人に対して，雇用契約に基づく義務（民623以下），支配権が委任による代理権であることに基づく義務（民643以下）を負う。これ以外に，支配人は広範な代理権をもつことから，以下の2種類の特別の義務が課されている。

（1）**営業避止義務**　会社以外の商人の支配人は，商人の許可を受けなければ，①自ら営業し，②他の商人または会社もしくは外国会社の使用人となり，③会社の取締役，執行役または持分会社の業務を執行する社員となることができない（23Ⅰ①③④。会社の支配人の場合も同様，会社12Ⅰ①③④）。兼業によって精力が分散されるのを防ぐ趣旨であり，職務専念義務の一環として理解される。次に述べる競業避止義務と異なり，営業の種類を問わない。

（2）**競業避止義務**　会社以外の商人の支配人は，商人の許可を受けなければ，自己または第三者のために，その商人の営業の部類に属する取引（競業取引）をすることができない（23Ⅰ②。会社の支配人の場合も同様，会社12Ⅰ②）。支配人は広範な代理権をもち，営業機密に接する機会が多いことから，これを利用して商人とライバル関係になるような営業を行い，自己または第三者の利益を図ることを防ぐ趣旨である。代理商（28Ⅰ，会社17Ⅰ），取締役（会社356Ⅰ），執行役（会社419Ⅱ）および持分会社の業務を執行する執行する社員（会社594）の競業避止義務と同趣旨の規定である。

（3）**義務違反の効果**　商法23条1項（会社の場合，会社12Ⅰ）の義務違反は，

債務不履行となり，損害賠償責任を基礎づけ，支配人の解任の正当事由ともなる（民628・651Ⅱ）。さらに，支配人が競業避止義務に違反した場合に，当該行為によって支配人または第三者が得た利益の額は，商人に生じた損害の額と推定される（23Ⅱ。会社の場合，会社12Ⅱ）。

5 表見支配人

（1）意 義　ある者が支配人かどうかは，支配権の有無によって，実質的に判断される。○○支店支店長という，支配人とおぼしき名称であっても，実質的に支配権が与えられていなければ，支配人ではない。しかしながら，取引の相手方は，そのような名称を信頼し，この者に包括的代理権があると信頼して取引する場合が予想される（支配人であると信頼して取引に入ったのに，後で商人から，その者が実際には支配人でないことを理由に，取引の効力を否定されると，相手方は不測の損害を被る）。

そこで，取引安全の見地から，権利外観法理または禁反言の原則を取り入れ，会社以外の商人について，営業所の主任者であることを示す名称を付した使用人は，当該営業所の営業に関し，一切の裁判外の行為をする権限を有するものとみなされている（24）。会社についても，本店または支店の事業の主任者であることを示す名称を付した使用人は，当該本店または支店の営業に関し，同様の権限を有するとみなされる（会社13。「本店または支店」の意義については，論点11 参照）。これが，表見支配人制度であり，取引の円滑化・安全確保のために，民法上の表見代理規定の特則が定められている。裁判上の行為が除かれているのは，外観保護の必要が高くないからである。

論点 11　表見支配人と営業所の実質

通説は，会社法13条にいう「本店または支店」は，営業所の実質を備えていなければならないと解している（第2編第1章Ⅲ4参照）。その名称は出張所でもよい（最判昭39・3・10民集18・3・458）。

これに対して，外観上「支店の外観ないし表示」があれば，営業所の実質を備えているかを問わず，支店長・支社長等の名称を与えられた者には会社法13条の適用を認めるべきだとする少数説がある。通説によれば，取引相手方は，その事業所が商法上の営業所にあたるかどうかを実質的に調査しなければならず，外観に対する信頼の保護という目的が十分に達せられない，と批判する。

> しかしながら，ある事業所が，単なる売店等の機能しか有さない場合には，主任者による支配権という概念を持ち出すことは困難であり，そのような場合まで表見支配人制度により外観を保護すべきであるとはいえない。また，少数説のいう，支店の外観のある場合とは，実際上も営業所の実質を備えていると評価できる場合が多いと思われる。
> 　判例や裁判例において，支店の実質について争われたケースでは，営業活動を指揮命令する中心であることが認定されれば，支店の実質があるとされ，そこでの営業の主任者が表見支配人であるとされる（最判昭37・9・13民集16・9・1905等）。これに対して，生命保険会社の「大阪中央支社」が，新規契約の募集と第１回保険料徴収の取次のみしか業務を行わず，基本的業務事項である保険業務を独立して行う権限を有しないことを理由に，その支社長について平成17（2005）年改正前商法42条（会社13に相当）の適用が否定された判例がある（最判昭37・5・1民集16・5・1031〔百選27〕）。

　（２）　**営業の主任者であることを示す名称**　　営業（会社の場合，事業）の主任者であることを示す名称の例としては，支店長のほか，支社長，営業本部長，店長等がある。次長や支店長代理は，ほかにより上席の者がいることが外観上明らかであり，営業の主任者であることを示す名称ではない。

　（３）　**商人による名称の付与**　　商法24条（会社13）が適用されるためには，商人がそのような名称を使用人に付与したことが必要である。使用人が営業の主任者たる名称を用いている事実を知りながら特別の措置を講じない場合も，暗黙の了解があるものとしてよい（黙示の名称付与）。

　（４）　**相手方の善意**　　相手方が悪意の場合は，表見支配人制度は適用されない（24但書，会社13但書）。ここでの悪意とは，その者が支配人でないことを知っていることである。悪意の有無は，取引の時点で判断される。知らないことに過失があっても相手方は保護されるが，重過失については，商法上の他の権利外観法理の場合と同様に，悪意と同視される。悪意（重過失）の立証責任は商人に課される。

　（５）　**表見支配人とされる場合の効果**　　ある者が表見支配人とされると，会社以外の商人の場合は，その者がおかれた営業所の営業について，会社の場合は，その者がおかれた本店または支店の事業について，一切の裁判外の行為について代理権を有する（24，会社13）。

　営業に関する行為であるかどうかは，表見支配人の行為の客観的な種類や性質によって決定される（事業に関する行為も同様に解される）。平成17（2005）年改正前商法の事例として，銀行の支店長が，貸付先から靴下を5000ダース買い入れて，

銀行の支店長名義の約束手形を交付した事案において、そのような売買契約は、客観的にみて、営業に関する行為にあたらないとされた判例がある（最判昭32・3・5民集11・3・395）。

Ⅲ　その他の商業使用人

1　ある種類または特定の事項の委任を受けた使用人

ある種類または特定の事項の委任を受けた使用人は、その者が委任を受けた範囲の商人の営業（会社の場合、会社の事業）について、一切の裁判外の行為をする権限を有する（25Ⅰ、会社14Ⅰ）。一般的には、部長および課長等がこれにあたると解されている。

ある種類または特定の事項（支配人と異なり、全般ではない）、例えば、販売・仕入・資金借入れに関し、これらの者が委任による代理権を与えられている場合、その代理権は包括的であって、内部的にこれに制限を加えても、善意の第三者に対抗できない（25Ⅱ、会社14Ⅱ。本章Ⅱ **3**（4）参照）。

ある使用人が、ある種類または特定の事項の委任を受けた使用人に該当するか

論点 12　ある種類または特定の事項の委任を受けた使用人の意義

本文で述べた立場とは異なり、近時の判例は、平成17（2005）年改正前商法43条1項（会社14Ⅰに相当）による代理権限を主張する者は、「当該使用人が営業主からその営業に関するある種類又は特定の事項の処理を委任された者であること及び当該行為が客観的にみて右事項の範囲内に属することを主張・立証しなければならないが、右事項につき代理権を授与されたことまでを主張・立証することを要しない。」と判示し、事実行為としての業務の処理の委任を受けていたことの主張・立証で足りるとする（事実行為委任説、最判平2・2・22商事1209・49〔百選30〕。なお、同判例は、善意の第三者には、代理権に加えられた制限を知らなかったことにつき過失のある第三者は含まれるが、重大な過失のある第三者は含まれないとする）。

学説上、この判例の評価は分かれている。賛成する学説は、円滑かつ確実な取引を害さないために、商人が部長または課長等の地位に任命した者については、（実際上代理権の授与がない場合でも）その事項について一切の裁判外の行為をなす代理権が付与されていると解してこそ、ある種類または特定の事項の委任を受けた使用人の制度が意義を有するとする（この考え方は、支配人についての形式説〔**論点10** 参照〕と整合的であるともいえる）。これに対して、伝統的な立場から、事実行為の準委任により代理権限の授与が擬制されるかのように述べるのは問題があると批判する学説もある。

どうかは，支配人の場合と同じく，実質的に判断される。伝統的には，契約の勧誘や条件の交渉等の事実行為の委任を受けただけでは足りず，ある事項の法律行為をなすことの委任（代理権の授与）があったことが必要であると解されてきた（代理行為委任説。東京地判昭53・9・21判タ375・99）。

ある種類または特定の事項の委任を受けた使用人は，登記事項ではない（小商人も利用できる）。競業避止義務等も課されていない。なお，実質的にはある種類または特定の事項の委任を受けた使用人でないものの，部長または課長等の名称を付した使用人について，表見支配人の規定（24，会社13）を類推適用すべきであるとする少数説も唱えられている。

2　物品販売等店舗の使用人

店舗において販売のために置かれている物品については，通常，その店舗の使用人に販売代理権があると考えるのが通常である。このような信頼を保護するために，商法は，物品の販売等（販売，賃貸その他これらに類する行為をいう）を目的とする店舗の使用人は，現実に代理権が付与されているか否かにかかわらず，その店舗にある物品の販売等をする権限を有するものとみなしている（26，会社15）。これも，商取引の円滑化・安全確保のために，民法の特則を定めたものである（いわば，表見販売代理人制度）。

店舗とは，一般公衆が自由に立ち入り，物品を購入しうる施設を意味する。店舗外でなされる商談は本条の適用外である。相手方が悪意の場合（販売権がないことを知っていた場合）には，表見支配人制度と同様にこの制度の適用はない（26但書，会社15但書）。

コラム 15　執行役員

　株式会社において実務上，「執行役員」という重要な使用人がおかれることがある。執行役員制度は，もともとは平成9（1997）年にソニーが初めて導入した制度であるが，取締役会をスリム化する場合に，減員対象となった取締役を処遇する受け皿として導入されたり，社内における各部門のトップについて権限および責任を明確化するために利用されることが多い。

　もっとも，指名委員会等設置会社における「執行役」と異なり（会社418等参照），執行役員は，実務上，相当の権限を有するものの，法的には会社の機関ではない。また，支配人のように，法定の包括的代理権を有する者でもない。

第7章 代理商

I 総　説

　会社が取引をする場合，代表取締役（会社349）以外の者や会社から委託された会社外部の者が契約を締結することが多い。このように，個人であれ法人であれ，企業が自ら営業（事業）活動のすべてを行うことはできないので，企業は営業（事業）活動を適切かつ合理的に行うためにそれを補助する者を必要とする。このような企業の補助者のうち，商法は，企業の内部において企業を補助する商業使用人（20～26）（第2編第6章参照）と外部において補助する代理商（27～31）について規定をおく。そして，会社法もまた，会社の代理商に関する規定を整備している（会社16～20）。

II 代理商の意義

1 総　説

　代理商とは，商人または会社のためにその平常の営業の部類に属する取引の代理または媒介をなす者で，その商人または会社の使用人でないものをいう（27，会社16）。代理商であるか否かは，当事者（本人・代理商）間で締結される契約の実質によるものであり（大判昭15・3・12新聞4556・7〔百選＜第4版＞34〕），代理店等の名称が付与されているか否かは重要でない。
　企業は，代理商を使うことによって，①営業規模や範囲を拡大したいときは代理商との関係を開始し，縮小したいときはその関係を終了させることができる，②手数料制を採用することなどによりコストを削減できる，③使用者責任（民715）を原則として負わないので代理商を直接監督する必要はない，④代理商の

知識や経験を活用できる等の利点を享受することができる。

2 　商人または会社の営業の継続的な補助者

　代理商は，特定の商人または会社のためにその営業を補助する者であり，その商人または会社を本人という。本人は特定されていれば複数人であってもよいが，代理商が他の者の代理商を兼ねようとする場合には（損害保険における乗合代理店等），競業禁止義務に反するおそれがあるので，本人の許可を必要とする（28Ⅰ，会社17Ⅰ）。本人は商人または会社でなければならないが，本人が商人または会社でない者（保険相互会社〔保険業２Ⅴ・18～96〕等）の場合，代理商は商法における代理商ではなく，民事代理商となる。民事代理商には商法・会社法等の規定が準用されることが多い（保険業21Ⅰ等）。

　代理商は，商行為の代理または媒介を引き受けることを業とする者である。それゆえに，代理商は独立した商人である（502⑪⑫・４Ⅰ）。

　代理商は，本人のために，その「平常」の営業を補助する者である。平常とは，

コラム 16　フランチャイズと特約店

　フランチャイズ：同じ商号，同じ品揃えで営業する店舗が増えている。これらには，本部が直接経営するチェーン店（直営店）の場合（大手デパート，スーパーマーケット等）と，フランチャイズチェーンの場合（コンビニエンスストア，ファストフード等）とがある。フランチャイズとは特権（一手販売権）を与えるという意味であり，フランチャイズビジネスでは，特権を与える者をフランチャイザー（本部），与えられる者をフランチャイジー（加盟店）という。加盟店は独立の商人である。本部は特権として商標，システム，ノウハウ等を供給し，加盟店は対価としてロイヤルティー（実施料）を支払う。両者間でフランチャイズ契約が締結される。中小小売業商業振興法で，本部の概要，契約内容等について事前開示が義務付けられ，記載事項も明示されている（中小11，同法施規10・11）。フランチャイズ契約の内容を知る裁判例として，東京高判平８・３・28判時1573・29〔百選64〕，東京高判平11・10・28判時1704・65〔百選62〕等を参照。

　特約店：商品の供給者（本部）から継続的に商品を購入し，これを専門的に他の者に転売することを営業とする者をいう。特約販売店ないし特約代理店ともいう。この者は，第三者への転売価格と供給者からの購入価格の差額（売買差益）を自己の収入とする独立の商人であり（501Ⅰ・４Ⅰ），代理商とは異なる。本部との連携はフランチャイズチェーンほど厳格ではない。特約店契約の内容を知る判例として，札幌高決昭62・９・30判時1258・76〔百選61〕，最判平10・12・18民集52・９・1866〔百選60〕等を参照。

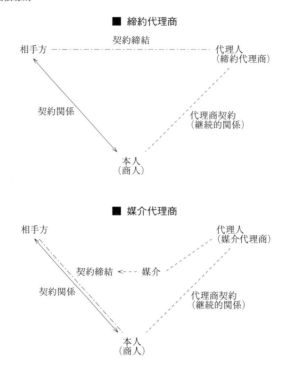

本人との間に継続的委託関係が存在することを意味する。この継続関係のゆえに，代理商は実質的には本人の営業組織の一部をなすものとみることができる。

3 締約代理商と媒介代理商

代理商は，本人の営業の部類に属する取引の代理または媒介をなす者である（27，会社16）。取引の代理とは，本人のために相手方との間で契約の締結等の法律行為を成立させることをいい（能働代理・受働代理），取引の媒介とは，本人と相手方との間に介在し，両者間において契約の締結等の法律行為が成立するよう，各種の仲介・斡旋・勧誘等の事実行為を行うことをいう。

代理商は，取引の代理をする締約代理商と，取引の媒介をする媒介代理商とに分かれる。締約代理商には，損害保険会社のために損害保険契約（海上保険契約を除く）の締結を代理する損害保険代理店（保険業2XXI），旅行業者のために旅行者との契約の締結を代理する旅行業者代理業者（旅行業法2Ⅱ），船舶運航事業ま

たは船舶貸渡業を営む者のために海上運送契約の締結を代理する海運代理店（海上運送法2Ⅸ），航空運送事業者のために航空運送契約の締結を代理する航空運送代理店（航空法133Ⅰ）等があり，媒介代理商には，損害保険会社のために海上保険契約の締結を媒介する損害保険代理店（保険2ⅩⅨ）等がある。

4 取次商・仲立人との比較

　代理商は，特定の商人または会社を補助する者であることから（27，会社16），不特定多数の者のために補助をする仲立人（502⑪・543～550。旅行業者，宅地建物取引業者〔宅建業者〕等）（第*3*編第*5*章）や取次商（問屋・運送取扱人）（502⑪・551～558・559～564。証券会社等）（第*3*編第*6*章・第*7*章）とは異なる。

　締約代理商は，契約を締結する等の法律行為を行う点において取次商と類似するが，取次商は自己の名をもって他人の計算で法律行為をするのに対して（問屋〔551～558〕，運送取扱人〔559～564〕等），締約代理商は本人の名をもって法律行為をする点において異なる。

　媒介代理商は，他人のために商行為の媒介をする点において仲立人と類似するが，仲立人は不特定多数の者のために一時的に媒介をするのに対して，媒介代理商は特定の商人のために継続的に媒介をする点において異なる。また，仲立人は

コラム 17　保険代理店

　保険募集（保険契約の締結の代理または媒介〔保険業2ⅩⅩⅥ〕）を行うことができるのは，生命保険募集人，損害保険募集人（損害保険代理店を含む）と保険仲立人に限られる（保険業275・2ⅩⅨ～ⅩⅩⅤ。銀行などでの保険の窓販につき，保険業275Ⅱ）。

　近時，インターネットや電話等を介して保険会社が直接保険契約の申込みを受けるケース（直販）が増えており，これらの販売チャネルを使用すれば，募集経費（募集人への手数料等）を削減できるので保険料の引き下げが可能となっているが，契約の多くは，保険募集人を介して締結されている。この場合，保険募集人は，募集にあたり，顧客に対して当該保険契約について自己が有する権限（代理権限か媒介権限か）を明示しなければならない（保険業294）。また，保険募集人等が募集に関する禁止行為（保険業300～301の2）に違反して顧客に損害をもたらした場合には，保険募集人等が所属する保険会社が賠償責任を負う（保険業283）。ただし，保険契約は有効であると解される。保険募集人が保険募集を行う場合，保険業法，保険法，商法および民法等の規定のほかに，特定商取引に関する法律，金融商品の販売等に関する法律，消費者契約法等の規定が適用される。

媒介する行為の当事者双方に対して義務を負うのに対して（546・547），締約代理商および媒介代理商は本人に対してのみ義務を負う点において異なる。

それゆえに，仲立人および取次商は，商人の補助者というより独立の商人の一種といえるので，商法第2編商行為に定められているのに対して，代理商は，商業使用人と同じく特定の商人を補助する者として，商法第1編総則に定められている。

5　商業使用人との比較

代理商は，1人の商人または会社のために代理行為をする場合であっても，特定の商人または会社の商行為の代理または媒介を反復・継続するので，独立の商人とされる（502⑪⑫）。企業の営業（事業）を補助するという面では商業使用人と共通するが，代理商が本人の企業組織の外部で営業（事業）を補助するのに対して，商業使用人は，特定の商人（営業主）に従属し，営業主の企業組織の内部で営業を補助する点において異なる。

このように，代理商と商業使用人には独立の主体であるか否かにおいて違いがみられ，それゆえに，以下のような点に差異が生じる。

■ 代理商と商業使用人の比較

	商人との関係	収入	活動の場所	営業費の負担	商号
代理商	委任・準委任	手数料	自己の営業所	する	有する
商業使用人	雇用	俸給	営業主の営業所	しない	有しない

Ⅲ　代理商契約の締結

代理商と本人との関係は代理商契約によって定められる。締約代理商は本人から取引の代理という法律行為の委託を受ける者であるから，その代理商契約の性質は委任（民643）であり，媒介代理商は取引の媒介という法律行為以外の委託を受ける者であるから，その代理商契約の性質は準委任（民656）と解される。1人の代理商が，1人の商人または会社と1つの代理商契約に基づいて締約代理商と媒介代理商とを兼ねることができる。これは，代理商契約によって付与される権

限の違いによるものであり,代理商が関与する取引内容の違いにより授権範囲が異なる。それゆえに,代理商は,取引をするにあたっては,その権限を明確にする必要がある。

Ⅳ 代理商契約の効果

1 代理商と本人との法律関係（内部関係）

代理商と本人との法律関係（権利義務関係）は,委任に関する民法または商法の一般規定（民643以下,505・506）によって規律される。したがって,代理商は,委任の本旨に従い,本人のために善良な管理者の注意をもって取引の代理または媒介をする義務を負う（民644）。代理商契約に特約がない限り,代理商は費用前払請求権（民649）,費用償還請求権（民650）,報酬請求権（512）を有する。

商法は,このほかに,代理商契約の継続的信頼関係を考慮して,代理商について次のような権利義務を定めている。

（1）通知義務　代理商は取引の代理または媒介をなしたときには,遅滞なく本人に対してその通知を発しなければならない（27,会社16）。これを通知義務という。民法645条によれば,受任者は,委任者の請求があるときはいつでも委任事務処理の状況を報告し,委任終了の後は遅滞なくその経過および結果を報告する義務を負うが,代理商は,本人の請求を待たず,委任が終了したと否とを問わず,通知を発しなければならない。なお,例えば,代理商契約で月末に一括して通知する等の約定がある場合にはそれに従う。

代理商が通知を怠ったために本人が損害を被ったときは,代理商はそれを賠償する義務を負う（大判昭10・5・27民集14・949〔保険会社の代理店が契約締結の通知を怠ったため,保険会社がそれを再保険に付す機会を失い,その間に保険事故が発生したことから,代理店について保険会社に対する損害賠償責任の有無が争われた〕）。

（2）競業禁止義務　代理商は,本人の許可がなければ,自己または第三者のために本人の営業（事業）の部類に属する取引をなすことができず,本人の営業（事業）と同種の事業を行う（他の）会社の取締役,執行役または業務を執行する社員となることができない（28Ⅰ,会社17Ⅰ）。これを代理商の競業禁止義務という。代理商が,本人のために代理または媒介をする過程において本人の営業

に関して知りえた情報（得意先，営業のノウハウ等）を利用して，自己や第三者の利益を図ることを防止する必要があるからである。

代理商および支配人（23Ⅰ，会社12Ⅰ）が負うべき競業禁止義務の内容は，次のようになる。

■ 代理商と支配人の競業禁止義務

	自ら営業をなすこと	自己または第三者のために本人または営業主の営業（事業）の部類に属する取引をすること	本人または営業主の営業（事業）と同種の事業を行う会社の取締役執行役または業務を執行する社員となること	他の商人または会社もしくは外国会社の使用人になること	本人または営業主の営業（事業）と異種の事業を行う会社の取締役，執行役または業務を執行する社員になること
支配人	×	×	×	×	×
代理商	○	×	×	○	○

代理商が競業禁止義務に違反した場合，当該行為によって代理商または第三者が得た利益の額は，本人に生じた損害の額と推定する（28Ⅱ，会社17Ⅱ）。

（3）留置権　代理商は，当事者が別段の意思表示（特約）をしない限り，取引の代理または媒介をなしたことによって生じた債権（手数料の債権等）の弁済期が到来しているときは，その弁済を受けるまで，本人のために代理商が占有する物または有価証券を留置することができる（31，会社20）。これを代理商の留置権という。代理商は民事留置権（民295）および商人間の留置権（521）を有するが，これら一般的な留置権は代理商の性質に必ずしも合致しないことから，商法は，代理商の留置権の成立要件を次のように緩和している。

① 民事留置権との比較　代理商の留置権は被担保債権と留置物との個別的関連性は必要としない。代理商と本人との間には一体的な継続的取引関係があるので，個別的関連性を求めることは適切ではないからである。この点は商事留置権と同じである。

代理商の留置権の効力は民事留置権の規定（民295～302）に従う。しかし，債務者が破産した場合，民事留置権は破産財団に対して効力を失うのに対して，商法上の留置権（商人間の留置権・代理商の留置権等）は破産財団に対して特別の先取特権とみなされ，別除権が認められる（破65・66）。また，商法による留置権で担保された債権は，会社更生手続上，更生担保権とされる（会社更正2Ⅹ）。これら

の点において，商法上の留置権は民事留置権より強力である。

② 商人間の留置権との比較　代理商の留置権の目的物は，本人のために代理商が占有する物または有価証券であれば足りる。代理商は，本人の所有でない物品の占有を第三者から取得したり，第三者の所有する物品の占有を本人から取得することがあることから，これらの場合にも代理商に留置権が認められる。

2　代理商と第三者との法律関係（外部関係）

代理商の権利義務の範囲は代理商契約によって定められる。締約代理商は第三者（相手方）との間で契約締結の代理権を有するが，その他の事項については代理商契約の規定にゆだねられる。ただし，締約代理商が代理権を越えた行為をしたときは，表見代理（民110等）が成立すれば，本人が第三者に対して責任を負う。媒介代理商は第三者との間で取引の媒介をなす権限しかなく，代理権を有しない。

物品の販売またはその媒介の委託を受けた代理商は，売買の目的物の瑕疵または数量不足その他売買に関する通知を受ける権限を有する（29，会社18→526Ⅱ）。代理商には，代理商契約に別段の取り決めがない限り，売買取消の意思表示の受領権限や，支払猶予，代金の減額をする権限はない。相手方などの第三者は，通常，代理商契約の内容を知る立場にないので，立法論としては，代理商の代理権限をより明確にし，媒介代理商についても代理権限を拡張すること等により，第三者を保護する必要がある。

Ⅴ　代理商契約の終了

代理商契約は委任または準委任と解されていることから，代理商契約は委任の一般終了原因によって終了する（民651・653・655）。ただし，商行為の委任による代理権は本人の死亡により消滅しないことから（506），代理商契約も本人の死亡によっては終了しないものと解される。また，代理商契約は本人の営業（事業）を前提とするから，本人の営業（事業）の終了と同時に代理商契約も終了する。

民法651条１項によれば，各当事者は委任契約をいつでも解除することができるが，この規定を，継続的関係を前提とする代理商契約に適用するのは適当でないので，商法は次のような規定を設けている。

① 代理商契約の当事者が契約の期間を定めないときは、各当事者は2か月前に予告をなして契約を解除することができる（30Ⅰ，会社19Ⅰ。期限の定めにつき，東京地判平10・10・30判時1690・153〔百選31〕）。特約によって予告期間を短縮したり排除することができる（横浜地判昭50・5・28判タ327・313〔百選＜第3版＞96〕）。契約の解除とは解約告知の意味であり、将来に向かってのみ効力を有する。これに対して、契約期間の定めがあるときは、各当事者は期間の定めに拘束され、期間満了と同時に契約を更新するのが一般的である。

② やむを得ない事由があるとき（代理商契約を継続することが社会通念上著しく不当と認められる場合）は、契約期間の定めがあると否とを問わず、各当事者はいつでも契約を解除することができる（30Ⅱ，会社19Ⅱ）。契約書には、多くの場合、例えば、代金支払義務違反や競業禁止義務違反等の約定解除事由が定められている。また、代理商の不誠実な行為や本人の重要な債務不履行等の信頼関係を破壊する行為などがあれば、契約を解除することができる。

第3編 商行為

第1章 総　論

I　序　論

　企業生活関係に特有な法規の総体が実質的意義の商法であることからすると，実質的意義の商行為法とは，企業の取引関係に特有な法規の総体ということになる。企業取引は，営利を目的とした計画的，集団的，反復的な行為であり，その円滑・確実な遂行を保証し，企業取引関係の関係主体間の利益を調整することが，商行為法の目的である。商行為法の特性としては，商法の内容上の特色（第1編第4章I参照）のうち，企業活動に関するものがあてはまる。すなわち，営利主義，迅速主義，契約自由主義，定型主義，取引の安全の要請等が商行為法の規整理念となる。

　実質的意義の商行為法に対して，形式的意義の商行為法は，商法典第2編「商

> **コラム 18**　企業取引と消費者契約
> 　企業が関わる取引には，商人間（いわゆる BtoB）の取引のほか，商人と非商人である一般消費者との間（いわゆる BtoC）の取引もある。商人と消費者との間の取引では，情報量や交渉力の点で商人側が優位に立つことはいうまでもないところ，家電製品の割賦販売がさかんになった昭和20年代後半ころから，品質の欠陥や価格・販売方法の不公正による消費者の被害をもとに，商人と消費者間の契約における消費者保護の必要性が関心を集め出した。消費者保護のための法規制は公法・私法の両面から行われている。私法関係では，割賦販売法，消費者契約法，特定商取引に関する法律，金融商品の販売等に関する法律等が制定され消費者の利益を擁護するための規制を行っている。例えば，消費者契約について包括的私法ルールを定める消費者契約法は，消費者契約の締結過程において事業者が不実告知・断定的判断の提供・不利益事実の不告知を行って消費者を誤認させたり，消費者の住居・職場から退去せず消費者を困惑させたときに，消費者に詐欺・強迫（民96）よりも緩やかな要件で申込み・承諾の意思表示を取り消すことを認め，また消費者契約中，消費者の利益を一方的に害する条項を無効とする。

行為」の規定ということになる。商行為編は，商行為の意義と通則規定をまとめた総則のほか，売買，交互計算，匿名組合，仲立営業，問屋営業，運送取扱営業，運送営業，寄託の9章からなる。このうち，第1章に含まれる商行為通則には，商行為一般に関して適用される規定と当事者の少なくとも一方が商人である場合に適用される規定があるが，前者も実際には商人の営業上の行為について問題となることが多い。第2章「売買（商事売買）」は売買を営業目的とする商人だけでなく商人一般に適用される規定であり，第3章「交互計算」および第4章「匿名組合」も，営業の種類にかかわらず適用される規定であることから，商行為通則と性質的には同じである（受寄者の注意義務に関する商法595条も同じ）。第5章以下では，仲立営業，問屋営業，運送取扱営業，運送営業，場屋営業および倉庫営業について，営業の種類ごとの需要に応じた規定がおかれている。

　なお，平成20（2008）年改正前は，商行為編の中に第10章として「保険」に関する規定がおかれていたが，平成20年に「保険法」が制定されたことにより，保険に関する商行為編の規定は削除された。平成29（2017）年には，民法（債権法）の改正に伴い，商法典第2編「商行為」第1章「総則」に含まれる多くの規定が改正または削除されるなど，商行為に関する規制が幅広く改正された。平成30（2018）年には，運送営業等に関する規制が社会情勢の変化に対応して現代的なものに改正され，あわせて一部にカタカナ文語体が残っていた商法の規定（第2編の第5章以下と第3編）がすべてひらがな口語体に改められた。

　形式的意義の商行為法には，企業取引として行われなくとも商行為となる絶対的商行為が含まれるほか，商人の営業の施設として商法総則中の商業帳簿等と共通性がある交互計算や，企業組織として会社と共通性がある匿名組合の規定も含まれている。他方，企業的取引でも，商行為とされないものについては形式的意義の商行為法の適用はない。そのため，形式的意義の商行為法と実質的意義の商行為法は，内容的に必ずしも一致しない。さらに，現実の企業取引の規整は，各種業法や約款によって修正補充されることが多いことにも留意する必要がある。

II 商行為の意義

1 商行為の分類

　日本の商法が，商法の基本概念である商人概念と商行為概念の定め方について，商行為法主義と商人法主義の両方の要素を併せもつ立法主義（第1編第2章参照）を採用していることとの関係で，商行為概念はいくつかに分類される。

　まず，固有の商人概念（4 I）を導く基礎となる商行為を基本的商行為という。基本的商行為は，営業として行われるかどうかにかかわらず行為の性質から商行為となる絶対的商行為と，営業として行われることにより商行為となる営業的商行為に分かれる。固有の商人が営業として（営業の目的として）行う行為が基本的商行為であるのに対して，商人（固有の商人のほか擬制商人も含む）が営業のために行う行為も商行為とされ，これを附属的商行為という。附属的商行為は，商人概念を導くのではなく，商人の営業を補助する行為として商人概念から導き出されるので，基本的商行為に対して補助的商行為と呼ばれる。また，営業的商行為と附属的商行為は，商人が営業に関連して行うことにより商行為となるので，絶対的商行為に対して相対的商行為と呼ばれる。このほか，会社や有限責任事業組合の組合員等がその事業に関して行う行為であることから商行為とされるものもある（会社5参照）。

2 絶対的商行為

　絶対的商行為は，強度の営利性を有することを基礎として当然に商行為とされているものである。したがって，商人でない者が1回限り行っても商行為となる。絶対的商行為は，商法501条各号に列挙されている。

　（1）　**投機購買とその実行行為**（実行売却）（501①）　　これは，転売して利益を取得することを目的として，動産・不動産または有価証券を有償で取得する行為，またはその取得した物の譲渡を目的とする行為である。相場の上昇を見込んで物を安く仕入れ高価で転売して差額を利得しようとする行為で，商取引の最も典型的なものとして絶対的商行為とされている。

　この場合の有償取得・譲渡は売買であるのが通常だが（そのため投機購買・実行

売却と呼ばれる）交換等でもかまわない。ただし，法律行為によって取得することが必要なので，農業・漁業等の活動で原始取得した物の売却は含まれない。有償取得した物は，そのままの状態で譲渡される必要はなく，製造加工をしてもよい（大判昭4・9・28民集8・769〔百選33〕）。したがって，製造業者の行う原材料購入と製品売却は，これに含まれる。取得と譲渡は利得目的によって関連づけられていなければならず，自家用目的で取得した物を譲渡して利益を得てもここでいう実行売却にならない。他方，利得目的があれば現実に利益を得なくても投機購買・実行売却にあたる。

投機購買・実行売却の目的物は動産・不動産・有価証券に限られる。鉱業権（鉱業12）が不動産に含まれるとする判例があるが（大判昭15・3・13民集19・554），反対説が有力である。

（2）**投機売却とその実行行為**（実行購買）（501②）　これは，まず，動産または有価証券を譲渡する契約を結んでおいて，その後目的物たる動産または有価証券を有償取得する行為である。（1）とは逆に相場の下落を見込んで目的物を将来の一定の時期に給付する契約（供給契約）をしておき，その後目的物を安く仕入れて契約の履行に充てる行為である。取得と譲渡の時期が逆になっている以外は(1)で述べたところが妥当するが，目的物に不動産は含まれない。特定性のある不動産は，売却を約した後に取得することが困難な場合が多く，供給契約に適さないためである。

（3）**取引所においてする取引**（501③）　ここで取引所とは，金融商品取引所および商品取引所をいう。取引所においてする取引は，大量の代替性のある商品・有価証券を目的物とする売買取引で，極度に技術化・定型化されたものであるため，絶対的商行為となっている。もっとも，取引所で取引できる者はその会員または取引参加者である商人に限られ（金商111Ⅰ，商品先物取引法97），会員が会員以外からの委託を受けて取引する場合（いわゆるブローカー業務）は問屋（551）の附属的商行為（503）となり，自己の計算で取引する場合（いわゆるディーラー業務）は（1）または（2）の絶対的商行為となる。したがって，取引所でする取引を独立の商行為とする必要はないともいえる。

（4）**手形その他の商業証券に関する行為**（501④）　ここで商業証券とはひろく有価証券を意味し，手形・小切手のほか，株券，社債券，船荷証券，倉荷証

券等が含まれる。商業証券に関する行為は，振出・裏書・保証など証券上になされる行為を指し，証券そのものを目的とする売買・貸借等は含まれないと解される。白地手形の補充権授与行為は，手形に関する行為に含まれる（最判昭36・11・24民集15・10・2536〔百選34〕）。手形その他の商業証券に関する行為には，それぞれの証券に関する諸規定（手形法，小切手法，会社128・131・214以下・687・689など，商600以下・757条以下など）が適用されるが，それらの規定と抵触しない範囲で，商行為に関する商法の規定が適用される。

3　営業的商行為

　営業的商行為は，営業として，すなわち営利の目的（収支の差額を利得する目的）で一定の計画の下に反復継続して行われる場合に商行為となる行為をいう。商行為を営業として行う者は固有の商人であるから（4Ⅰ），営業的商行為は商人が営業として行うときに限り商行為になる行為であるという点で絶対的商行為と異なる。営業的商行為は商法502条各号に列挙されているところ，形式的に同条に列挙された行為に該当しても，もっぱら賃金を得る目的で物を製造または労務に服する者の行為（手内職といわれる行為等）は，企業的性質が薄弱で商法を適用するのが適当でないため，営業的商行為とはならない（502柱書但書）。

　（1）　投機貸借とその実行行為（502①）　これは，賃貸する意思をもってする動産・不動産の有償取得もしくは賃借，またはその取得もしくは賃借した物の賃貸を目的とする行為である。絶対的商行為である投機売買（501①②）と異なって，物の所有権の移転ではなく，物の利用が投機の対象となっている。貸家業者，貸衣装業者，レンタカー業者，レンタルビデオ店等の行為が，これにあたる。なお，有価証券は，貸借の目的に適さないので，投機貸借の目的物にはなっていない。有償取得・賃借と賃貸は営利目的で関連付けられなければならず，自家用に購入した物の賃貸を営業として行っても，営業的商行為にはならない。

　（2）　他人のためにする製造・加工（502②）　これは，他人のために製造・加工を引き受ける契約であり，通常は請負であるが雇用の場合もある。製造とは，材料に労力を加えて全く異なった種類の物とすることをいい，例えば機械・器具等の製作，紡績，酒類醸造等である。加工とは，物の種類に変更を生じない程度に労力を加えることをいい，例えばクリーニング，染め物，精米等がこれにあた

る。いずれも，原材料は契約の相手方から供給を受けまたは相手方の計算で購入したものであることを要する。製造・加工を行う者が自己の計算で原材料を購入して，製造・加工した品物を相手方に譲渡する行為は，絶対的商行為である投機売買となる（501①②）。

（3）　**電気・ガスの供給**（502③）　電力会社・ガス会社が行う電気・ガスの供給がこれにあたる。これは，電気・ガスの売買契約であるが，設備の賃貸を伴う場合は，売買と賃貸借の混合契約となる。

（4）　**運送に関する行為**（502④）　運送とは物または人を一定の場所から他の場所に移動する行為であり，運送される対象により物品運送と旅客運送に分類され，また運送の場所により陸上運送，海上運送，航空運送に分かれる。このいずれの運送を引き受ける行為もここでいう営業的商行為である。なお物品運送は，運送品を運送人の保管の下に運送する行為と解釈されているため，曳船を営業として行ってもここでいう運送に含まれないことになるが，立法論としてはこれも運送に含めるべきであるといわれている。

（5）　**作業・労務の請負**（502⑤）　作業の請負とは，不動産または船舶に関する工事の請負をいう。道路・鉄道の建設，建物の建築・修繕，船舶の修繕等である。動産に関する作業は（2）で述べた製造・加工になるので，ここでいう作業の請負ではない。

労務の請負とは，労働者の供給の請負をいう。もっとも労働者供給事業（供給元と労働者の間に雇用関係がないか，供給先に労働者を雇用させることを約して行われるものをいう）は原則的に禁止されている（職業安定法44）。ただし，派遣元事業主が，

コラム 19　公法人の商行為

市電・市バスのように，国，地方公共団体が，商法502条に列挙されている行為を営業として行う場合がある。公法上の法人として広義の公法人に含められることがある独立行政法人等も，事業としてする行為が基本的商行為になる場合がある。公法人が収支相償うことを目標として基本的商行為を計画的継続的に行えば商人となる（4Ⅰ）。商法は，公法人の商行為について，法令に別段の定めがないときに限り商法を適用する（2）。したがって，公法人が絶対的商行為を行えば，その公法人が商人であるかどうかにかかわらず商法が適用され，公法人が商人であれば，営業に関して行う行為は営業的商行為または附属的商行為となるから，これには商法が適用される。

自己の雇用する労働者を，派遣先の指揮命令を受けて，派遣先のために労働に従事させる労働者派遣事業は，「労働者派遣事業の適正な運営の確保及び派遣労働者の保護に関する法律」等の規制に従って行うことができる。

（6）　出版，印刷，撮影に関する行為（502⑥）　　出版とは，文書，図画を印刷して販売・頒布する行為である。①著作者から著作物を出版する権利を取得し，②著作物を印刷・複製する契約を印刷業者と締結し，③印刷物を販売・頒布するという手順になるのが通常である。もっとも，③の行為が出版の不可欠の要素であり，著作権のない物や自己の著作物を販売する行為（①を欠く）や，印刷を自己で行う場合（②を欠く）でも差し支えない。出版社，新聞社の行為がこれにあたる。

印刷とは，印刷・複製を引き受けることである。撮影とは，写真・ビデオ等の撮影を引き受ける行為である。

（7）　場屋取引（502⑦）　　場屋取引とは，多数人の来集に適する設備を用意して，来集する客の需要に応じる諸種の取引をいう。旅館，飲食店，パチンコ・ゲーム店，劇場，浴場，遊園地等がこれにあたり，契約の内容は，売買，賃貸借，請負等さまざまである。理髪店はこれにあたらないとする判例があるが（大判昭12・11・26民集16・1681），今日的には場屋取引に含めてよいと考えられる。

（8）　両替その他の銀行取引（502⑧）　　銀行取引とは，金銭または有価証券の転換を媒介する行為をいう。異なる種類の貨幣を交換する両替が例示されている。銀行取引であるためには，不特定多数人から金銭または有価証券を取得する受信行為と，それを需要者に融通する与信行為とが併存することを要する。したがって，与信行為のみを行う消費者金融業者，質屋等の行為は銀行取引ではない（最判昭50・6・27判時785・100〔百選35〕）。

（9）　保険（502⑨）　　保険制度とは，同種の危険にさらされた多数の経済主体を1つの団体とみて，それに属する経済主体（保険加入者）がそれぞれ金銭（保険料）を拠出することにより共同的備蓄を形成し，現実に需要が発生した主体がそこから保険金の支払いを受ける方法で需要を満たす制度である。保険制度には，制度運営者である保険者が収入保険料と支払保険金の差額を利得することを目的とする営利保険と，保険加入者が社団構成員となって，加入者相互の保険を行うことを目的とする社団法人（これを相互会社という）をつくり，この法人が保

険者となって保険を引き受ける相互保険に分類される。営業的商行為としての保険は，営利保険の引受けを意味する。営利保険の保険者は株式会社に限られる（保険業5の2参照）。

相互保険の引受けは，加入者に保険を提供すること自体を目的として行われ，営利目的を欠くから，営業的商行為でなくまた相互会社は商人ではない。もっとも，相互保険および相互会社の行う行為には，企業的性質が認められ，商法が大幅に準用されている（保険業21Ⅱ）。

(10) **寄託の引受け**（502⑩）　これは，他人のための物の保管を目的とする寄託契約（民657）のことをいう。倉庫営業者の行為が典型例である。ここでいう寄託には，多数人から同種の物を預かり，同種・同量の物を返還するという混蔵寄託や，受寄者が目的物を消費することができ，これと同種・同量の物を返還すればよい消費寄託（民666）も含まれる。

(11) **仲立ちまたは取次ぎに関する行為**（502⑪）　仲立ちとは，他人間の法律行為の媒介をすることである。他人間の商行為の媒介を引き受ける仲立人（543）や媒介代理商（27）の行為のほか，商行為以外の他人間の法律行為の媒介（不動産売買の周旋，結婚の媒介等）を業とする民事仲立人の行為もこれに含まれる。

取次ぎとは，自己の名をもって他人の計算において法律行為をすることを引き受ける行為をいう。このとき，自己が法律上の権利主体となり，その経済的効果が他人に帰属する。問屋（551），準問屋（558），運送取扱人（559）の行為がその例である。

(12) **商行為の代理の引受け**（502⑫）　本人にとって商行為となる行為の代理を引き受ける行為である。締約代理商（27）の行為がその例である。

(13) **信託の引受け**（502⑬）　信託とは，他人（受託者）に一定の目的に従って財産の管理処分をさせるために，受託者に所有権等の財産権を移転しまたはその他の処分をすることをいう（信託法2・3）。受託者として財産の管理処分を引き受けることが信託の引受けである。

4　附属的商行為

附属的商行為は，商人がその営業のためにすることによって商行為となる行為である（503Ⅰ）。営利性・企業的性格から限定列挙されている基本的商行為（営

利性等の強弱により絶対的商行為と営業的商行為に分かれる）とは異なり，附属的商行為の種類には制限はなく，行為そのものに営利的性質がなくともよい。営業のためにする行為とは，営業遂行に直接必要な行為ばかりでなく，営業に関連してその維持便益のためにする一切の行為をいい，店舗・工場の取得・賃借，それに関する火災保険契約の締結，営業資金の借入れ，商品の運送の委託，広告・宣伝の依頼等を含む。営業目的行為が開始される前に，それに関連する行為が行われる場合（開業準備行為），その附属的商行為性が問題となる（論点2 参照）。

個人商人の行為には，一般生活上のものと営業に関係するものがあり，特定の行為が商行為であるかどうか（商法が適用されるか民法が適用されるか）が明らかでない場合もある。そこで，商法は，商人の行為はその営業のためにするものと推定する（503Ⅱ）。したがって，商人の行為については，それが商行為でないことを主張する者が，その旨を立証しなければならない。

論点13 雇用契約の附属的商行為性

商人が使用人を雇用する行為が附属的商行為となるかどうかが問題とされる。形式的には，雇用契約も商人が営業のために行う行為であるから附属的商行為性を有することになり，大審院および最高裁の判例は，基本的にこれを肯定する（大判昭9・1・10民集13・1・1，最判昭30・9・29民集9・10・1484）。債権が，会社と労働組合との間に成立した協約上の約定に基づくものでも同様である（最判昭29・9・10民集8・9・1581）。これに対して，雇用契約のような労使間の不平等契約は，民法や社会法の支配に属すべきものであるとして，附属的商行為性を否定する見解もある。下級審判例では，従業員に対する金銭貸付につき，それが対外的な行為ではなく社内的なものであり，商取引の特性を有していないとして，附属的商行為性を否定するものがある（東京地判昭57・3・29判時1054・153，東京地判平9・12・1金判1044・43）。

5　会社等の行為

会社がその事業として行う（事業目的とする）行為は，基本的商行為に該当しない場合がある。会社法は，会社（外国会社を含む）がその事業としてする行為を商行為とする（会社5）。これにより，会社は固有の商人（4Ⅰ）となる。会社がその事業のためにする行為も商行為とされ（会社5），会社はその事業と離れて存在しないから，会社に商法503条2項を適用する必要性は基本的にないはずであるが，判例は，会社についても，同項の適用を認める（最判平20・2・22民集62・

2・576〔百選36〕)。

　会社法制定(平成17〔2005〕年改正)前の商法の下では,基本的商行為を業としない会社は擬制商人(同改正前商4Ⅱ)とされ,そのような会社がその事業として行う行為には商行為に関する規定を準用する旨の定めがあり(同改正前商523),その定めは会社以外の擬制商人にも(類推)適用されると解されていた。会社法制定により会社がその事業として行う行為を商行為とする旨が定められたことに伴い平成17(2005)年改正前商法523条が削除されたので,現行商法上の擬制商人(4Ⅱ)の営業目的行為を商行為とする旨の根拠となる定めがなくなった。しかし,これは立法の不備であり,擬制商人の営業目的行為にも商行為に関する規定を適用すべきである。

　有限責任事業組合の組合員その他一定の者がその業務として行う行為も商行為とされる(有限責任事業組合契約に関する法律10,資産の流動化に関する法律14Ⅰ,投資信託及び投資法人に関する法律63の2Ⅰ)。

6　一方的商行為と双方的商行為

　行為が商行為であるための事由(501条から503条までの行為に該当するかどうか)は,行為の当事者の一方についてのみ認められる場合と,当事者双方について認められる場合がある。前者を一方的商行為,後者を双方的商行為という。例えば,小売商と消費者の間,銀行や保険会社と非商人である預金者・保険契約者の間の取引等は一方的商行為であり,卸売商と小売商の間,銀行と融資先の会社の間の取引等は双方的商行為となる。

　商法は,一方的商行為についても商法を双方に適用する(3Ⅰ)。当事者双方で適用される法律規定を統一するためである。同じ理由で,当事者の一方が数人ある場合においてそのうちの1人にとって商行為となる行為については,商法がその全員に適用される(3Ⅱ)。

　もっとも,商行為に関する規定には,少なくとも当事者の一方が商人である場合に適用される規定(509・510等),商人間の行為のみに適用される規定(513Ⅰ・521等),あるいは当事者の一方のために商行為となる行為について適用される規定(511等)もあり,商法3条の妥当する範囲には限定があることに注意しなければならない。

Ⅲ　商行為法の通則

1　序　論

　商行為法の通則（504〜521・595）は，企業取引の営利性，迅速性および債務者の責任強化による取引安全の確保等の見地から，民法規定に対する特則を定める。
　商行為通則規定は，その適用範囲によって，①商行為一般に適用されるもの，②当事者の一方が商人である場合に適用されるもの，および③当事者の双方が商人である場合に適用されるもの，に分けることができる。①は，絶対的商行為にも適用される。この中には，債務者にとって商行為となる行為について適用される規定（片面的商行為の特則）もある（511条のように明文で定められている規定のほか，解釈による場合もある）。
　以下，この適用範囲に関する分類に従って述べる。本人の死亡による代理権の不消滅（506）は，規定の文言からは商行為一般に適用されるようにみえるが，その立法趣旨から本人が商人の場合に適用される規定と解釈されているため，当事者の一方が商人である場合に関する規定に分類する。受寄者の注意義務（595）は，商事寄託（商法典第2編「商行為」第9章）に含まれる規定であるが，その内容が商人一般に関するものなので，商行為通則の1つとして説明する。

コラム 20　立法趣旨による商行為通則規定の分類

　商行為通則規定を，その立法趣旨すなわち企業取引の特別の需要から分類すると次のようになる。
　①企業取引の営利性に基づくもの……報酬請求権（512），利息請求権（513）
　②企業取引の迅速性に基づくもの……商行為の代理（504），商行為の委任（505），本人の死亡による代理権の不消滅（506），隔地者間における契約の申込み（508），諾否通知義務（509），受領物保管義務（510）
　③責任強化主義に基づくもの……連帯債務の原則（511），受寄者の注意義務（595）
　④商人の信用維持ないし債権者保護に基づくもの……受領物保管義務（510），商人間の留置権（521），受寄者の注意義務（595）
　⑤契約自由原則に基づくもの……流質契約の許容（515）
　⑥その他……債務履行の場所（516）

2 商行為一般に関する規定

（1） **代理と委任**　 i ）商行為の代理　民法の原則では，代理人の行為は，代理人が本人のためにすることを示すか（顕名），または相手方が本人のためにすることを知り，もしくは知ることができた場合でなければ，本人に効果を生じない（顕名主義。民99・100）。これに対して，商法504条は，商行為の代理人が本人のためにすることを示さないときにも，その行為は本人について効力を生じる，と規定する。商法が顕名主義の例外を定めたのは，商取引においては取引のたびに本人のためにすることを示すのは煩瑣であり（迅速主義の要請），また取引の相手方個人よりも取引の内容が重視されることによる。商法504条は，法人の代表機関が法人を代表することを示さなかったときにも適用される。

非顕名による商行為の代理は，相手方がそれが代理行為であることを知らないときにも，本人に対して効力を生じるが，相手方が代理人を本人と信じその資力をあてにして取引を行ったときに，本人に対してしか請求できないとすると，相手方は不測の損害を被る。そこで，相手方が代理行為であることを知らなかったときは，代理人に対しても履行の請求ができるものとされている（504但書）。もっとも，代理行為であることを知らなかったことに過失があれば，相手方は保護されないと解すべきである。

商法504条但書が適用される場合の相手方，本人，代理人間の法律関係については学説が対立している。判例は，商法504条本文により相手方・本人間に契約

コラム 21 平成29（2017）年民法改正による商法規定の削除等

　平成29（2017）年の民法改正およびそれに伴う商法の改正により，伝統的に企業活動に関する特色とされてきた商法の諸規定の中には，①現在の取引社会の中で民法の規定と差を設けることに合理性が認められないことを理由に削除されたもの，②企業生活関係の中で発達した商法の規制が一般の経済生活関係にも合理性を有するとして民法の規定に組み入れられたもの，あるいは③民法と商法に断片的な規定が存在していたのを民法の中で整理したものがある。

　商事消滅時効（平成29〔2017〕年改正前522，民166条）および商事法定利率（平成29年改正前514。民404）に関する規定の削除は①に，対話者間における契約の申込み（平成29年改正前507。民525Ⅲ）および取引時間（平成29年改正前520。民484Ⅱ）に関する規定の削除は②に，それぞれ属する。

　③に属するものとして，有価証券に関する諸規定（平成29年改正前516Ⅱ，517〜519）は，従前の民法の規定とあわせて，民法520条の2〜520条の20に規制が整理された。

が成立し，さらに相手方が代理であることを過失なく知らない場合には，同条但書によって相手方・代理人間にも同一の契約が成立し，相手方は，どちらの関係を主張するかの選択権を有する，としている（最大判昭43・4・24民集22・4・1043〔百選37〕）。

なお，手形行為・小切手行為は商行為であるが（501④），証券上の行為である性質上商法504条の適用は排除され，代理人は必ず本人のためにすることを記載して署名（記名捺印を含む）しなければならない。

論点 14 　商法504条但書における相手方，本人，代理人の関係

商法504条但書が適用される場面においては，①契約関係は相手方・本人間にのみ成立し，代理人は本人の債務について相手方に履行の責任を負う（本人・代理人は不真正連帯債務者）とする説，②契約関係は相手方・代理人間にのみ成立し（民100本文と同じ），本人は代理人の債務について連帯債務者となるとする説，③相手方・本人間と相手方・代理人間に同一内容の契約関係が成立し，相手方がいずれかを選択できるとする説が対立する。①説には，本人からの請求に対して相手方が代理人に対して有する抗弁を主張できないのは相手方保護に欠けるという批判が，②説には，相手方・本人間に契約関係が生じないとするのは商法504条本文と相容れないという批判がある。③説は判例の採用するところであるが（前掲最大判昭43・4・24），相手方の選択権の行使に関連して解決しなければならない諸問題を惹起している。例えば，本人が相手方に対して債務の履行を請求する訴訟を提起し，その訴訟係属中に相手方が代理人との関係を選択したとき，本人の請求は，訴訟が係属している間代理人の債権につき催告に準じた時効中断の効力を及ぼすと解するのが判例・通説である（最判昭48・10・30民集27・9・1258〔百選38〕）。

　　ⅱ）商行為の委任　　商法505条は，商行為の受任者は委任の本旨に反しない範囲内において委任を受けていない行為もすることができる，と規定する。ここで，商行為の受任者とは，商行為に該当する行為をすることを委任された者を意味するのであって，必ずしも委任行為が本人にとって商行為となることを要しない（506対照）。これは民法の特則ではなく，受任者が負う善管注意義務（民644）から合理的に導かれる原則を明確化したにすぎないということができる。

　なお，商法505条については，その規定の位置から代理権の範囲も拡大する趣旨の規定と解する見解があるが，代理権の授与（代理人の行為の効果を自己に帰属させる意思）と委任は異なるのであり，本条は，委任者と受任者の内部関係において受任者の権限の範囲を注意的に規定したにすぎない（例えば，明示的に委任さ

れていなくとも委任の本旨に反しない行為によって受任者が負担した費用は委任者に請求できる〔民649・650〕）と解すべきであろう。

（２）　多数当事者の債権債務関係　　ⅰ）多数債務者の連帯　　数人がその１人または全員のために商行為となる行為によって債務を負担したときは，その債務は各自連帯して負担する（511Ⅰ）。これは，企業主体の責任強化により取引の安全を確保する趣旨の規定であり，１つの債務について複数の債務者が存する場合，各債務者は平等の割合で債務を負担する（分割債務）という民法の原則（民427）に対する特則となっている（最判平10・４・14民集52・３・813〔百選40〕参照）。

　商法511条１項が適用されるためには，債務が債務者側の１人以上の者にとって商行為となる行為によって生じたことが必要である。そのような債務と同一性のある債務，例えば損害賠償債務や解除の際の原状回復債務等にも同項が適用される。民法上の組合の性質を有する共同企業体が，その構成員にとって商行為となる行為により債務を負担すれば，構成員全員が連帯債務者となる（前掲最判平10・４・14参照）。これに対し，債権者にとってのみ商行為となる行為によって生じた債務については，商法511条１項は適用されない。

　　ⅱ）保証人の連帯　　民法では，保証人は，催告の抗弁（民452），検索の抗弁（民453）および共同保証人間の分別の利益（民456）を有するのが原則で，連帯保証の合意がある場合に保証人はこれらの抗弁・利益をもたない。これに対し，商法511条２項は，保証人がある場合，債務が主たる債務者の商行為によって生じたとき，または保証が商行為であるときは，主たる債務者および保証人が各別の行為によって債務を負担した場合でも，その債務は各自連帯して負担する，すなわち連帯保証となる旨を規定する。これは，商法511条１項と同じく，保証人の責任を強化して取引の安全を確保するための，民法の原則（保証契約において債権者と保証人が連帯の特約をすることによって連帯保証が成立する）に対する特則である。

　商法511条２項の適用があるためには，①債務が主たる債務者にとって商行為である行為によって生じた場合，または②保証が商行為である場合でなければならない。②の要件に関しては，保証契約は保証人と債権者の間の契約であるところ，そのいずれにとって商行為である場合を意味するのかについて争いがある。判例（大判昭14・12・27民集18・1681）は，例えば商人がその営業に関連して他人

のために保証をするように，保証が保証人にとって商行為である場合のほか，商人の営業上の債権を非商人が保証する場合のように，保証が債権者にとってのみ商行為である場合をも含むと解している。これに対して，商法511条1項が債務が債務者にとって商行為である行為によって生じた場合に多数債務者の連帯責任を定めていることとの均衡や，債務者の責任強化による取引安全の確保は，債務者が商人であるときにその責任を重くして信用を高めれば足りることから，学説では，保証が保証人にとって商行為である場合を意味すると解する説が多い。

（3）流質契約の許容　債務不履行の場合に，質権者が質物の所有権を取得しまたはこれを任意に売却する方法で優先弁済に充てることを約する流質契約は，債権者が債務者の窮境に乗じて高価物の質入れを強要し暴利をむさぼるおそれがあるので，民法349条によって禁止されている。商法515条は，商行為によって生じた債権を担保するために設定した質権には，民法349条を適用しないこととし，契約自由の原則の適用範囲を拡大する。商人は冷静に利害を計算して契約ができるから，法による後見的保護を必要とせず，また流質契約を認めるほうが商人にとって金融を得るために便宜なこともあることが，この特則を設けた理由である。

商行為によって生じた債権とは，債権者・債務者のいずれか一方にとって商行為である行為によって生じた債権であれば足りるとするのが通説であるが，非商人たる債務者を保護する必要性から，債務者にとって商行為である行為によって生じたものに限定すべきとする見解も有力である。

（4）債務履行の場所　商行為によって生じた債務を履行すべき場所が，その行為の性質または当事者の意思表示によって定まらないときは，特定物の引渡しは行為の時にその物が存在していた場所で，その他の履行は債権者の現時の営業所で，営業所がないときは住所で（持参債務），行わなければならない（516）。民法の原則（民484Ⅰ）との違いは，特定物の引渡しが「債権発生の時」ではなく「行為の時」にその物が存在した場所となっている点（停止条件付債務または始期付きの債務では両者の時が異なる）と，債権者の営業所を持参債務の場合の履行場所としている点である。

3　当事者の一方が商人である場合の規定

（1）本人の死亡と代理権の不消滅　民法の原則では，代理権は本人の死亡

によって消滅する（民111Ⅰ①）が，商行為の委任による代理権は本人の死亡によって消滅しない（506）。この結果，代理人は，当然に本人の相続人の代理人となる。商人が死亡した場合に，支配人その他の商業使用人の代理権を消滅させると，営業活動が中断し，商機を逸する等の不都合が生じる。そこで，商業使用人の選任のように，本人にとって附属的商行為となる行為によって与えられた代理権については，本人の死亡よっても代理権は存続するものとされたのである。

このように，商法506条は，商人の営業の人的施設が活動を停止しないようにするのが立法目的であるため，同条が適用されるのは，本人が商人である場合に限られると解される。

（2）諾否通知義務　契約の申込みを受けても承諾をしない限り契約は成立しないのが原則である。回答がない場合には承諾したものとみなすという予告をして申込みがされた場合でも，同様である。申込みを受けた者には，一般に諾否の通知義務がないからである。この原則に対し，商法509条は，特則を設けている。すなわち，商人が平常取引をしている者からその営業の部類に属する契約の申込みを受けたときは，遅滞なく諾否の通知を発しなければならず（509Ⅰ），諾否の通知を怠ったときは，申込みを承諾したものとみなされる（同Ⅱ）。

商法509条が適用されるためには，①申込みを受ける者が商人であること，②申込者はその商人と継続的取引関係にある者であること，および③申込みの内容が，商人の営業の部類に属する契約に関するものであること，が必要である（509Ⅰ）。このような要件が満たされる取引関係における締約過程の迅速性と相手方保護の要請から，特則が設けられたのである。

②の継続的取引関係が成立するためには，過去1～2回取引を行っただけでは足りないが，継続的取引関係にあれば当該申込みにかかる取引と同種の取引を過去にも行っていたことは必要ない。③の営業の部類に属する契約は，商人の営業目的である取引に関する契約を意味し，営業の維持便益のためにする行為は含まない（附属的商行為の多くは含まれない。最判昭28・10・9民集7・10・1072〔百選39〕参照）。

承諾期間のある申込みには，商法509条は適用されない（民523Ⅱに従う）。対話者間の申込みについては，直ちに諾否を決すべきであるから，同じく商法509条は適用されない（民525Ⅲに従う）。したがって，商法509条は，隔地者間における

承諾期間のない申込みについて適用される。

商法509条2項により承諾したものとみなされるのは，諾否の通知を怠ったときである。通知を発したのに到達しなかった場合はもとより，通知を発しなかったことに過失がない場合も，通知の懈怠とはいえないので承諾とはみなされない。

（3）**受領物保管義務**　商人がその営業の部類に属する契約の申込みを受けた場合において，申込みとともに物品を受け取ったときは，申込みを拒絶するときでも，商人はその物品を保管する義務を負う（510本文）。民法にはこれに関する規定はなく，一般に申込みを受けた者には受領物を保管する義務はないところ，商法は，企業取引においてひろくみられる見本売買を配慮して，商人の信用維持と取引の迅速性のために，商人の受領品保管義務を定めた。

保管の費用は申込人が負担する。保管は，商人自らしても，自己の責任において倉庫業者等に行わせてもよい。商人が保管義務に違反すると損害賠償責任が発生する。ただし，その物品の価額よりも保管費用のほうが多額にのぼるとき，または保管をすることで商人が損害を受ける可能性があるときは，商人は保管義務を免れる（510但書）。

受領物保管義務が発生するのは，申込みの内容がその商人の営業の部類に属する契約に関するものである場合であり，継続的取引関係にある者からの申込みであることを要しない。見ず知らずの者から送付された物品についても保管義務を負担させることには問題があるとして，商法509条のように平常取引を行っている者からの申込みに限定すべきという立法論が主張されている。

（4）**報酬請求権**　商人がその営業の範囲内において他人のためにある行為をしたときは，相当の報酬を請求できる（512）。これは，他人のためにある行為をしても，特約がない限り無償とする民法の原則（民648Ⅰ・656・665等）に対する，商人の行為の営利性に基づく特則である。

「営業の範囲内」の行為は，「営業の部類に属する」行為（509・510参照）よりも広く，営業目的たる行為に限らず，営業に関連する一切の行為を意味し，附属的商行為を含む。他人のためにする行為は，法律行為（他人のための保証，手形引受け等）のほか，物品の保管・運搬等の事実行為でもよく，また，他人のためにする意思があれば足り，実際に他人の利益になったかどうかを問わない。当該他人の委託があったことは必要なく，事務管理（民697）の場合にも報酬を請求できる。

（5）　立替金の利息請求　　商人がその営業の範囲内において他人のために金銭の立替えを行った場合は，その立替えの日以後の法定利息を請求できる（513Ⅱ）。立替えとはひろく他人のために金銭を出捐することをいう。立替えが事務管理に基づくときに，この規定の実益がある（委任等に基づくとき，民650Ⅰ参照）。この利息請求権と報酬請求権は別であり，商法513条2項と512条の適用要件はほぼ共通するから，商人は立替行為について法定利息請求権とともに報酬請求権も取得することになる。

（6）　受寄者の注意義務　　商人がその営業の範囲内において寄託を受けた場合には，報酬を受けないときであっても，その保管について善管注意義務を負う(595)。これは，無償寄託の受寄者は自己の財産に対するのと同一の注意をもって受寄物を保管すればよいとする民法の原則（民659）に対する，商人の信用を維持するための特則である。商人が営業の範囲内において寄託を受けることを商事寄託と呼び，それを営業の目的として行う者は倉庫営業者であるが（599），百貨店が客の所持品を一時的に預かるように附属的商行為として行われることもあるので，商法595条は商人の商行為の通則的な規定とみることができる。

4　当事者双方が商人である場合の規定

（1）　隔地者間における契約の申込み　　商人である隔地者の間で承諾期間の定めがなく契約の申込みを受けた者が相当の期間内に承諾の通知を発しない場合は，申込みは効力を失う（508Ⅰ）。申込みが効力を失った後に承諾の通知を発しても契約は成立しないが，申込者はこの通知を新たな契約の申込みとみなすこと

コラム 22　**宅地建物取引業者の報酬請求権**

　宅地建物取引業者のようないわゆる民事仲立人も仲立ち（502⑪）を業とする商人であるから，委託者に対して報酬を請求できるのは当然である。しかし，商事仲立人と異なり非委託者（委託者の相手方当事者）に対する報酬請求権（550Ⅱ）は原則的に認められない（最判昭44・6・26民集23・7・1264〔百選41〕）。ただ，商法512条の報酬請求権は，商人が他人のために事務管理をした場合も発生すると解されており，判例は，客観的にみて当該民事仲立人が非委託者のためにする意思をもって仲介行為をした場合であれば非委託者に対しても報酬を請求できるとする（最判昭50・12・26民集29・11・1890）。もっとも，「非委託者のためにする意思」に客観性が要求されるため，民事仲立人が非委託者の希望を相当程度実現したような場合でなければ，報酬を請求することは困難であるとも考えられる。

ができる（508Ⅱ→民524）。

民法525条1項本文は，隔地者間で承諾期間の定めがなく契約の申込みがされた場合，申込者は承諾の通知を受けるのに相当な期間その申込みを撤回することができないと規定するので，法文上は，撤回しない限り相当の期間が経過しても申込みは効力をもち続けることになる。そのため，商法508条1項は，商取引の迅速主義に基づく民法の特則といわれる。もっとも，民法学においても，承諾期間のない申込みがされ，その撤回がない限り，相手方が永久に承諾できるとすることの不当性から，取引慣行からみて承諾をなすべき期間が経過したときは，承諾することができないとする解釈論（結果として商法508条1項に類似した扱いになる）が主張されている。

（2）法定利息の請求　商人間において金銭の消費貸借をしたときは，特約がなくとも貸主は法定利息を請求できる（513Ⅰ）。これは，民法上消費貸借は無償が原則とされていることに対する，商行為の営利性に基づく特則であると説明される。もっとも，民法上の消費貸借も現実にはほとんどが利息付である。

商法513条1項の法定利息請求権が，商人間の消費貸借に限定されていることについては，相手方が非商人でも認められる商人の報酬請求権（512）との関係で，立法趣旨が一貫しないという批判がある。立法論としては，商法512条に合わせて，商人の貸付行為一般に法定利息請求権を認めるべきである。

（3）商人間の留置権　ⅰ）序説　商人間においてその双方のために商行為となる行為によって生じた債権が弁済期にあるときは，債権者は，弁済を受けるまで，債務者との間における商行為によって自己の占有下に入った債務者所有の物または有価証券を留置することができる（521）。これは，継続的取引関係がある商人間において，債権者保護の強化によって取引の迅速・安全を図るために認められた留置権であり，民法上の留置権（民295）とは沿革が異なる。

商法は，商人間の留置権のほか，代理商（31），問屋（557），運送取扱人（562），運送人（574・741Ⅱ）に留置権を認めている。これらは，それぞれの場合に応じて留置権発生の要件が異なっているが，総称して広義の商事留置権といい，このうち商人間の留置権を狭義の商事留置権という。

ⅱ）適用要件　商人間の留置権が発生するためには，①被担保債権が商人間でその双方のために商行為となる行為から生じたこと，②被担保債権が弁済期

にあること，③留置物が債務者所有の物または有価証券であること，および④留置物が債務者との間の商行為によって債権者の占有下に入ったことが必要である。

民事留置権（民295）では，留置物と被担保債権の間には牽連関係，すなわち修理代金債権を有する者が修理の対象となった自転車を留置するように，被担保債権が留置物に関して生じたことが必要である。これに対し，商人間の留置権では，被担保債権・留置物とも商人間の商行為から生じ，また商行為によって債権者が留置物を占有するに至ったことが必要であるが，留置物と被担保債権の間には牽連関係は必要ない。これは，商人間には継続的取引関係が存するのが通常であり，かつ信用取引が常態であることに適合させるためである。したがって，印刷機械の製造業者は，印刷業者に対するカラー印刷機の販売代金債権を被担保債権として，修理のために預かっている当該印刷業者所有の白黒印刷機を留置することができる。牽連関係を要しないことは，商人間の留置権の発生要件が民事留置権のそれに対比して緩和されていることを意味するが，③の留置物が債務者所有の物または有価証券でなければならない点は，民事留置権の留置物が第三者の所有物でもよいことに比して，要件が厳格化している。なお，③の要件である「物」に不動産を含むか否かについては見解が分かれているが，判例は，不動産も商人間の留置権の目的物である「物」にあたるとしている（最判平29・12・14民集71・10・2184）。

④の要件は，①の要件と異なり，留置物は債権者にとって商行為となる行為によって債権者の占有に帰したものであれば足りる（建築請負人の施行土地に関する占有を否定するものとして，東京高決平11・7・23判時1689・82〔百選46〕参照）。①と④の要件により，被担保債権と留置物には，両当事者間の取引から得られた物と債権という関連が要求される。したがって他人から譲り受けた債権は被担保債権とならないが，債務者振出の約束手形や小切手を債権者が他人から取得した場合には，債務者は随時の証券所持人に対して直接債務を負担する意思を有するものと認められるので，これを被担保債権とする商人間の留置権を認めてよいとする説もある。

商人間の留置権は，特約をもって排除することができる（521但書）。

ⅲ）留置権の効力　商人間の留置権の効力については，商法に特段の規定がないので，民事留置権と同様になる（民295以下）。ただし，商人間の留置権を

含め広義の商事留置権は，破産手続や再生手続の場合には別除権が認められ（破2Ⅸ・66，民再53Ⅰ），更生手続の場合には更生担保権とされる（会社更生2Ⅹ）。

　債権者が破産手続開始の決定を受けても，商人間の留置権は消滅せず，債権者は，破産管財人からの留置権の目的物の返還請求を拒絶できる（最判平10・7・14民集52・5・1261〔百選47〕）。また，判例は，取立委任を受けた約束手形につき商人間の留置権を有する者は，当該約束手形の取立てに係る取立金を留置することができ，そのような手形につき商人間の留置権を有する銀行は，委任者の民事再生手続開始後の取立てに係る取立金を，銀行取引約定に基づき，再生手続によらずに，委任者の債務の弁済に充当することができるとする（最判平23・12・15民集65・9・3511）。

第2章　商事売買

I　商事売買の意義

　売買契約は，財産権と交換に代金を支払うことを約することである（民555）。売買契約は，現代の経済社会において最もよく行われている取引形態である。商法は，商行為として501条1号において，投機購買およびその実行行為について定め，501条2号において，投機売却およびその実行行為について定めている。これらは，企業取引の最も基本的な取引の典型として規定されている。

　商法は，企業が当事者となる売買のうちで，両当事者が商人である場合，すなわち企業間の売買（商事売買）について民法の特則をおいている。

　売買については民法に詳細な規定があるのに対して，商法の商事売買に関する規定は，商法524条から528条までのわずか5条である。商事売買については，現実の企業取引の実務の要請に合わせ，契約自由の原則から契約内容が定められるのが合理的であり，企業取引の特色である取引の大量性，継続性，迅速性を充たすよう，標準契約書や約款取引等の契約の定型化が図られることとなる。そこで，商法では，民法の修正が特別に必要とされる場合の特則を定めておくことで足りる（商法で定められていない事項については，民法が適用される）とされているのである。また，商事売買の規定は任意法規であるとされる。

　さらに，知識や情報格差のある商人と一般消費者間の取引においては，「買主保護」が掲げられるに比して，商人間の取引においては，取引円滑の要請や立場の互換性を理由として，「売主保護の原則」が妥当することに特色がある。そこで，企業と消費者間の売買については，商法は特則をおいていない。ただし，特に消費者利益を保護する観点から，割賦販売法，特定商取引に関する法律，消費者契約法，金融商品の販売等に関する法律，金融商品取引法等の消費者保護法が

立法されている。

さらにまた，会社が事業活動を展開するにあたり，いわばコストのかかる自前のものではなくリース取引を利用することが行われている（コラム18〔106頁〕参照）。

Ⅱ　売主の権利・義務

　売買契約において，売主は売買代金支払請求権を取得するとともに，目的物の引渡義務を負う（民555）。さらに売主は担保責任を負う。平成29（2017）年民法改正の下で，債務不履行の一般原則として従来通り解除，損害賠償を扱いつつ，担保責任にかかる契約の追完請求，代金減額については，債務不履行の売買における特則として位置づけられた。これは，債務者は，債権者に対して，本来契約の内容に適合した履行義務を負うとの考え方（債務不履行説）による。そこで，従来規定の「瑕疵」という文言はなくなった。これに伴い，商法においても同様の対処がなされた。

　また，商法は次のような売主の権利について定めている。

1　売主の供託権・競売権 (524)

　（1）趣　旨　民法では，弁済が提供された場合，買主が目的物の受領を拒絶し，あるいは目的物を受領することができない場合，また，弁済者が過失なく，債権者を確知できない場合は，売主は目的物を供託してその債務を免れることができる（民494）。

　商法でも，商人間の売買において，買主が目的物の受領を拒絶し，あるいは受け取ることができない場合，売主を契約上の義務から免れさせることが当事者間の衡平に合致する。そこで，商法では，売主は，目的物を供託するか，または，相当の期間を定め催告をなした後に競売できるとする自助売却権（競売権）が認められている（524）。

　もっとも，民法では，売主が供託の方法を採ることが原則とされている（民494）のに対し，商法では，継続的に大量の取引をなす商人間の売買であることから，供託するか，競売するかの選択権が売主に与えられている。また，買主への供託の通知は，民法では到達主義による（民495Ⅲ）のに対して，商法では発信

主義による（527Ⅲ）点が異なっている。

（2）　要件と内容　　供託権・競売権が認められるためには，①商人間の売買であること，②買主が目的物の受領を拒むか，受領不能であること，③競売するためには，目的物の受領を催告すること，が必要である。ただし，損傷その他の事由による価格の低落のおそれがある物は，催告なく競売に付することができる（524Ⅱ）。

また，履行の提供による受領遅滞も要件となるかについて条文からは明らかではない。判例は，民法493条により弁済提供をし，受領を催告して相手方を遅滞に付した場合に本条は適用されるとし（大判明41・10・12民録14・994），ただし例外として，提供しても受領しないであろうことが明らかな場合は，口頭の提供も必要としない（大判明45・7・3民録18・684）としている。通説は，企業取引の迅速な結了という観点から付遅滞のための提供も不要と解している。しかし，売主の競売権が認められ保護が図られていることから，受領遅滞が要件となっても売主に過大な負担が課せられるわけではないとして，判例に与する見解もある。

売主が目的物を供託した場合，引渡義務を免れる（債務は消滅する）。供託手続は，民事執行法によりなされる。売主が競売した後は，買主に対して遅滞なく通知をしなければならない（524Ⅰ後段）。この場合，民法497条に定める競売の前提としての裁判所の許可は不要である。

競売代金については，供託することが原則であるが（524Ⅲ本文），売買代金の弁済期が到来している場合は，競売代金の全部または一部を売買代金に充当することができる（524Ⅲ但書）。これにより，売主は迅速に債権の回収ができる。売主が売買代金を譲渡した場合であっても，売主は目的物を競売に付することができるが，代金充当権は譲受人が取得する。

供託権・競売権の行使は，契約の解除権・損害賠償請求権の行使を妨げない。しかし，契約を解除した場合は，供託権・競売権を行使することはできない。供託権・競売権は売主の契約上の義務を早期に免除することを目的としており，契約上の義務は解除により免れているからである。

2　定期売買の解除（525）

（1）　趣　旨　　定期売買とは，売買の性質上（絶対的定期行為），あるいは当

事者の意思表示により，特定の日時，または一定の期間内に履行がなされなければ契約の意味をなさない取引（相対的定期行為）をいう。例えば，クリスマス用品，印刷した年賀状等の売買がこれにあたる。このような売買については，入用の時期を過ぎて履行されても注文者にとっては無意味である。

民法にも定期行為（定期契約の一種）に関する規定がある。民法上は，履行時期を徒過した場合，相手方は催告なく解除できる（民542Ⅰ④）とされているが，契約解除のための意思表示が必要である。したがって，解除の意思表示をしない間は，契約の効力は存続している。そこで，売主が期限までに履行できなかった場合，債務者は履行の請求を受けるか，解除の通知を受けるか，買主の意思いかんによる不安定な状況におかれることとなる。すなわち，買主は，目的物の価格が上昇期にあるときは履行請求をし，下降期にあるときは解除を求め，買主は売主にリスクを負担させて利得することができる。そこで，商法では，商取引の迅速な結了と売主保護の観点からそのような不都合を回避するため，定期売買の当然解除（525）が規定されているのである。

（2） **要件と内容**　商法525条により当然に解除の効果を受けるためには，①定期売買であること，②商人間の売買であること（このことは，平成17〔2005〕年商法改正により明らかにされた。取引の一方である売主の保護が，買主との対場の互換性を前提として認められるからである），③当事者の一方が履行期を徒過したこと，④相手方が直ちに履行請求をしなかったこと，が必要である。

定期売買においては，その不履行が債務者の責めに帰すべき事由に基づくか否か，すなわち履行遅滞の有無にかかわりなく，所定の時期の経過という「客観的事実」により売買契約は解除されたとみなされる（最判昭44・8・29判時570・49）。

当該売買が定期売買となるかそうでないかについては，売買に関わる状況から当事者の意思を総合的に解釈し判断される。売買契約において目的物の引渡期日を特定することは一般に行われることであり，その判定は困難な問題である。しかし，例えば，契約締結時に目的物の利用時期や転売時期が限定，あるいは明示されている場合には，定期売買の認定はより容易となろう。一方当事者の意図が相手方に了知されていたか否かも，総合的判断の重要な要素となると解される。

定期性に関して，判例上は，契約の性質に係る絶対的定期行為について，中元の進物用の団扇の売買は，性質上約定の時期に履行するのでなければ契約の目的

を達することができない場合にあたるとした事例（大判大9・11・15民録26・1779）がある。また，相対的定期行為については，桑苗の売買契約は，季節に履行しなければ契約の目的を達することができないとの意思表示を包含し定期行為に属するとした事例（大判大15・11・15新聞2647・15）がある。

定期売買では，契約当事者の一方が履行をなさないでその時期を経過した場合，相手方が直ちに履行の請求をなさないときは，契約は当然に解除されたものとみなされる（525）。

Ⅲ　買主の権利・義務

買主は，基本的な権利として目的物の引渡請求権を有する。売主の引渡義務は，履行期の到来により生じる。また，商法は次のような買主の義務を定めている。

1　目的物検査・通知義務（526）

（1）趣　旨　　平成29（2017）年改正民法では，契約の内容に適合しない履行がなされた場合，買主の責めに帰すべき事由による場合を除いて，履行の追完請求，代金の減額請求，損害賠償，解除が認められている（民562〜566）。

一方，商人間の取引においてこのことがそのまま適用されるとすると，買主は市場の動向をみながら時期をうかがい，売主のリスク負担において担保責任を取らせることが買主に可能となってしまう。売主としては，買主から直ちに通知があったならば，取引先に商品の交換を申し入れたり，他に転売し処分してリスクを回避する機会をもちえたであろう。そこで，商法は，商人間の売買について，買主に対し目的物の検査と契約不適合にかかる通知義務を課している。すなわち，買主は，その売買の目的物を受領したときは，目的物を遅滞なく検査し（526Ⅰ），検査によって，売買の目的物の種類・品質に関して，当該目的物が契約内容に不適合であることを発見したときは，直ちにそれを通知しなければならない（526Ⅱ）。

「直ちに」の意味は，当該取引において買主が取引の常識からみて当該目的物を検査するのに要すると思われる時間や，通知が遅れたことにより売主が損害を被る危険性，売主に早期に瑕疵の調査の機会を与える必要性等を比較検討して決定される（東京地判昭52・4・22下民集28・1-4・399）。

そして，検査・通知義務に反した買主は，契約内容に不適合であることによる担保責任（履行の追完，代金減額，損害賠償，解除）を請求することができなくなる（526Ⅱ前段）。また，同様に，目的物に直ちに発見することのできない契約内容の不適合があった場合に，買主が1か月以内にこれを発見したときも買主が，通知義務を怠れば，上記担保責任を問えなくなる（526Ⅱ後段）。

（2）要件と内容　買主に目的物の検査・瑕疵通知義務が発生するためには，①商人間の売買であり，当事者双方にとり商行為であること，②買主が目的物を受領していること，③目的物に瑕疵，または数量不足があること，④売主が瑕疵・数量不足について善意であること，の要件が必要である。

要件のうち，②について，目的物の受領とは，目的物を現実に受け取って検査できる状態におくことをいう。また，③について，数量超過の場合は，本条の適用はないと解される。超過分については，検査・通知をしなくとも代金の支払義務を負うことがなく，売主からの返還請求に応じる義務があるにとどまる。さらに，④について，売主が悪意，すなわち目的物が契約内容に適合していないことを知っている場合は，買主は検査・通知義務を負わない（大判昭16・6・14判決全集8・22・6）。悪意の場合には，売主保護の必要がないからである（526Ⅲ）。

> **論点 15**　商法526条の適用範囲——目的物は特定物に限られるか
>
> 　この問題については，通説・判例ともに不特定物についても適用されると解している（最判昭35・12・2民集14・13・2893〔百選51〕）。
>
> 　従来，一般に瑕疵担保責任は債務不履行の一態様と解されていた。そこで，目的物が契約通りに履行されていないことを理由とする請求は，特定物か不特定物かに関わりなく認められるべきである。さらに，商事売買においてはむしろ不特定物の取引が多いところから，商法526条の適用を特定物の売買に限定することは適切でないと解される。
>
> 　検査・通知義務を怠った場合は，買主は売主の不完全履行を理由として完全な物の給付を求めることはできなくなる（最判昭47・1・25判時662・85）。なお，商法526条は任意規定であることから，売買の当事者間でこれと異なる定めをすることはできる。

契約の目的物と異なる種類ではあるが同様の物が引き渡された場合（異種物引渡）にも，商法526条が適用されるか問題となる。異種物と瑕疵ある物との区別が実際上困難であること，この場合にも買主の検査・通知義務を認めなければ売主の保護が十分でないことから，類推適用を認めるべきである。また，売主に対

する通知は，その通知により適当な善後策を講ずるのに必要な程度に瑕疵，数量不足の程度・範囲を明らかにする内容のものであることを要すると解すべきである。

商法526条は民法に基づく責任追及のための前提要件を定めたものであり，商法として独立して売主の責任を認めたものではない（最判昭29・1・22民集8・1・198）。したがって，買主が行使できる権利の内容およびその消長については，民法の定めによることになる（最判平4・10・20民集46・7・1129）。

2 買主の目的物保管・供託義務（527・528）

（1）趣　旨　買主が目的物検査義務・通知義務を履行し，目的物の契約不適合を理由として売買契約を解除した（526Ⅱ）とき，当該目的物の処理が問題となる。

商人間の売買においては，売買契約の目的物が種類，品質または数量に関して契約の内容に適合しないときに，買主がそれを理由として契約の解除権を行使した場合であっても，買主は売主の指示のあるまでは，商品の保管・供託義務を負っている（527Ⅰ本文）。買主が売買契約を解除した場合，本来的には原状回復義務を負うところ（民545Ⅰ），目的物が売主の下に返送される間に売主が転売の機会を失ったり，目的物が破損する場合も考えられる。そこで，商法では，商人間の売買において，返送により売主が被る不利益を回避するために，買主が売買契約を解除した場合，買主は売主の指示があるまでは，目的物の保管・供託を行うべき義務を課している（527Ⅰ本文）。また，売主が買主に引き渡した物品が注文の物品と異なる場合はその物品について，また，その物品が注文の数量を超過する場合には，その超過部分について，買主は目的物保管義務・供託義務を負う（528）。

（2）要件と内容　本条の買主の目的物保管・供託義務は，商法526条を受けていることから，①商人間の売買であり，当事者双方にとり商行為であること，②売買の目的物に契約不適合があることにより，売買契約が解除されたこと（526Ⅱ），あるいは売主から買主に引き渡された物品が注文品と異なり，もしくは，注文した数量よりも超過していること（528），③送付売買であること（527Ⅳ），の要件が必要である。

ただし，売主に悪意のある場合は商法526条と同様に買主に保管・供託義務は生じない。また，売主と買主の営業所・住所が同一市町村内にある場合も，原状回復がすぐに可能と考えられ，売主保護の必要はなく買主の義務は生じない（527Ⅳ）。

本条の趣旨が返送による不利益の回避であることからすると，重要であるのは目的物を送った場所である。そこで，売主と買主の営業所・住所が同一市町村内にある場合であっても，目的物をこれとは異なる場所に送った場合は，買主に保管・供託義務を課すことが衡平である。また，同様に売主と買主の営業所・住所が同一市町村内にない場合でも，売主の営業所と同一市町村内に目的物を送付した場合は，買主の義務を認めるべきではないと解される。

買主は売主の費用をもって売買の目的物を保管するか，供託しなければならない。保管を行うか，供託を行うかについては買主が選択できる。保管は，売主が適当な措置をとることができるのに相当な期間に限って行えば足り，相当期間を経過したときは，売主に目的物を返還することができる。

目的物に滅失または損傷のおそれある場合は，裁判所の許可を得て競売し，その代価を保管または供託しなければならない（527Ⅰ但書）。この競売をした場合，買主はその旨を売主に遅滞なく通知しなければならない（緊急売却。527Ⅲ）。

保管・供託義務，緊急売却義務を買主が履行しなかった場合は，買主は売主に対して損害賠償責任を負う（民415）。

買主は売主に対して返送までの保管費用（527Ⅰ）を，さらに報酬も請求することができる（512）。

論点 16　ファイナンス・リースとは，どのようなものか

企業取引におけるリース取引には，①不動産，自動車，船舶，航空機等の賃貸借，②ファイナンス・リースの2種類があげられる。単にリースという場合には後者を指している。製品の陳腐化の激しいOA機器や産業用機械のファイナンス・リースがよく用いられる。

ファイナンス・リースは，リース物件を購入して使用したいがその資力がないか，あるいはその方式を得策としないユーザーに代わってリース業者が自己の資金でリース物件を購入し，ユーザーに使用収益させ，リース料の受領をもって商品代，金利，手数料等を回収するものである。

すなわち，形式上は賃貸借であっても実質上はリース物件を媒介とする，リース物件のユーザーである企業に対する金融である。したがって，目的物の使用収益とリース料とは対価関係

に立つものではない（最判平5・11・25金法1395・49，最判平7・4・14民集49・4・1063）。

　ファイナンス・リースは，ユーザーがリース物件を所有権留保付で割賦購入する場合と同一の効果をもたらす。したがって，リース料債務は契約時にその全額が発生している。ただ割賦支払いの方式によりユーザーに期限の利益が付与されているにすぎないとも考えられる（東京地判昭56・12・21判時1035・70）ことから，ユーザーのリース料支払遅滞等，その資力・信用を疑わせる一定の事由が生じた場合，ユーザーが期限の利益を失う旨の特約は有効であり，リース期間満了前にリース物件が引き揚げられた場合でも，ユーザーはリース料全額の支払義務を負う（東京地判昭57・1・28判時1050・96）。

　ファイナンス・リースでは，ユーザーに金融の便宜を与えるものであるところから，リースの「全期間にわたり」リース物件を使用・収益させてリース料の支払いを受けるとともに，リース期間の満了時にはリース業者がユーザーから占有を回復して完全な所有権を行使することが予定されている。

　そこで，リース料全額の支払いを受けるとともに，リース期間の「中途で」目的物の返還を受けたリース業者は，完全な所有権を行使する利益をユーザーの損失において不当に利得することになることから，目的物の返還により得られた利益をユーザーに返還し，またはリース料の支払いに充当する等して清算する義務があると考えられる。

　この場合，清算の対象となるのは，リース物件の中途返還時の交換価値とリース期間満了時の交換価値の差額と解される（最判昭57・10・19民集36・10・2130〔百選＜第4版＞77〕）。

第3章 交互計算

I 交互計算の意義

1 交互計算の趣旨

　継続性を有する企業取引において取引の都度に決済を行うとすると，金銭授受の煩雑さや危険，費用等が伴うばかりでなく，資金の効率的利用が妨げられる。そこで，交互計算が，商人間または商人と非商人の間でなされる平常取引において，一定期間の取引から生じた債権・債務の総額について，その都度決済することなく期末に相殺をし，その残額を支払うことを約する特殊な契約として規定されている（529）。交互計算では個別の債権を観念せず，個別に行使させたり処分させたりしないところにその特質がある。交互計算契約では，期末に差額の支払いをするだけでよいことから，決済を簡便化することができる。また，契約当事者は，それぞれの債権が互いに相手方に対し負っている，または将来に負う債務についての担保的機能を果たすことが期待できる。

　交互計算の現代ビジネス型の利用としては，異なる鉄道会社間の相互乗り入れ乗車券があげられる。この場合，乗客が交通機関を利用するたびに運賃が鉄道会社間で配分されるのでは，処理が煩雑でコストがかさんでしまう。そこで，各鉄道会社側でそれぞれの利用についてコンピュータに記録しておき，月ごとにそれぞれ相手方への支払額を計算し，決済することが行われている。

　さらに，顧客が銀行と締結する当座勘定契約においては，期末に一括相殺することがなく，預金や小切手の支払いや貸付の都度，残額および利息の計算がなされる。これは原則的な交互計算である伝統的交互計算と区別して，段階的交互計算と呼ばれる。そこで，この段階的交互計算は，商法上の交互計算といえるかどうかが問題となる。

段階的交互計算は、債権・債務が発生するとその段階で自動的に相殺されることから、決済の簡便化の機能は有しているが、通常の交互計算のように担保的機能をもたず、したがって、交互計算不可分の原則（これについては後述）は適用されない。しかし、継続的取引から相互に発生する債権債務を一括して決済するところに交互計算の制度趣旨があると考えられ、段階的交互計算もこの機能を有し、広義には交互計算に含まれると解される。

2　交互計算の要件

　交互計算の当事者については、少なくとも一方は商人であることを要する。非商人間での交互計算契約は民事交互計算となる。商法上の交互計算は、商人にとり自己の営業のためになすものであるから、附属的商行為である (503)。

　交互計算契約は、継続的関係を有する平常取引であることが必要である (529)。継続性は交互計算契約の締結以前に存在する必要はないが、当時者間に債権債務を生ずる関係がなければならない。卸売商、小売商とその取引先間では、債権が一方的にしか生じないのが一般であり、この場合には交互計算は成立しないと解される。

　交互計算の対象となる債権債務は、一定期間内の取引から生じるものである（交互計算期間）。期間について契約で定めがないときは、6か月となる (531)。また特約（例えば、ある営業所においてのみ生ずる債権債務に限定する等）のない限り、継続的取引から通常生じる一切の金銭債権に及ぶ。

　交互計算は、継続的取引から生ずる債権債務を相殺することから、対象となるものは金銭債務と解される。ただし、次のような例外がある。①特殊な権利行使を必要とする債権、例えば手形等有価証券上の債権は、行使に証券の呈示が必要であり、交互計算に適さない。②現実の履行が要求される債権、例えば、消費貸借の予約から生ずる債権は、将来に消費貸借契約を締結させる請求権であるにとどまり、交互計算に適さない。また、③通常の取引以外の関係から生ずる債権、例えば事務管理、不法行為、不当利得から生じた債権は、対象とならない。また第三者から譲り受けた債権も同様である。さらに、④担保付債権は、特約のない限り、相殺の対象とすることは当事者の意思に反すると考えられ、交互計算に適さないと解される。ただし、商法521条による商人間の留置権については、当事

者の意思に関わりがないところから、この限りではない。

II　交互計算の効力

1　消極的効果

伝統的な考え方（古典的交互計算理論）によれば、交互計算の効力として消極的効果、および積極的効果が発生する。

交互計算の消極的効果として、交互計算期間中に発生した債権債務は、それぞれの独立性、個性を失い、交互計算に組み入れられて不可分に一体となる（交互計算不可分の原則）。したがって、個々の債権債務は、譲渡、質入、相殺等の個別的処分はできなくなる（民505Ⅰ但書参照）。また、個々の債権は支払停止の状況におかれることから、時効進行、履行遅滞も生じない。

しかし、交互計算に組み入れられても債権は消滅するものではなく、債権についての確認訴訟の提起、基礎となっている契約の解除や売買の目的物の引渡要求は可能である。また、交互計算不可分の原則があっても、債権者は債権者代位権を行使して交互計算契約を解除したうえで、債務者の残存債権を確定させ、債権について支払請求をすることができる。

論点 17　交互計算不可分の原則は、交互計算の当事者間にのみ妥当するものか、第三者に対しても効力が及ぶか

この問題については、判例（大判昭11・3・11民集15・4・320〔百選80〕）は、交互計算に組み入れられた債権に対する差押えを無効と解し、第三者に対しても効力を肯定する結論を採っている。

学説のうち、第1の立場は、交互計算について商法上の制度として捉え、交互計算に組み入れられた債権は、その性質上譲渡を認められないものと考える（民466Ⅰ但書）。当事者がそのような制度の下での契約に反して債権を処分しても無効であり、交互計算に組み入れられた債権に対する差押えも無効であると解する。この立場では、第三者の善意、悪意は問われない。

これに対し、第2の立場は、交互計算不可分の原則は当事者間においてのみ有効であり、善意の第三者には対抗できないと解する（民466Ⅲ）。交互計算に組み入れられる債権は、当事者の意思表示により譲渡性が制限されているものにすぎないと捉え、当事者が契約に反して債権を処分した場合でも、他方の当事者は損害賠償を請求できるにすぎないと考える。

この問題については、次のように考えられる。相殺がなされてその都度残存債権が発生する

> 段階的交互計算では，譲渡禁止の特約があってもこれを善意の第三者に対しては対抗できず（民466Ⅱ），債権に対する差押え，転付命令も認められる（最判昭45・4・10民集24・4・240）。これに対して，交互計算不可分の原則が妥当する伝統的交互計算では，善意の第三者の利益保護が鍵となる。それは，結局のところ，第1の立場のように当事者の担保的機能への期待を重視するか，あるいは第2の立場のように第三者の利益保護を重視するかの判断に帰着する。交互計算契約は，継続的取引関係にある当事者間での便宜のためそのように商法上の制度として設計され定立されているところから，第1の立場が妥当であると解される。

　交互計算に組み入れられた債権は，相手方の同意がなければ，当該交互計算の対象から外すことはできない。しかし，手形その他の商業証券から生ずる債権債務を交互計算に組み入れた場合，証券の債務者がその弁済をしなかったときは，当事者はその債務に関して交互計算から除去することができる（530）。

　「商業証券の債務者がその弁済をしなかったとき」とは，約束手形の振出人，為替手形の引受人が支払いをしない場合等を指す。例えば，乙・丙間に交互計算契約が存在し，甲が乙に対して振り出した手形を丙が割り引いた後，乙が破産した場合を想定して考えると，丙が甲から支払拒絶を受けたとき，交互計算に組み入れられた対価は，乙に関しては，交互計算に組み入れられその債権全額について乙・丙間で相殺されるのに対して，丙は，手形の遡求金額について，交互計算外で乙の破産債権者として他の債権者とともに平等弁済を受けるにとどまる。この場合，丙が実際上弁済を受けられることはほとんど期待できないであろう。商法530条は，このような場合の丙の保護の必要性を想定している。丙は，甲が証券の債務者として弁済をしない場合として交互計算から割引代金債務を除去することにより，自己の割引代金債務と乙に対する手形の遡求に基づく債権とを相殺することが可能となる。

2　積極的効果

　交互計算では，積極的効果として，交互計算期間満了により債権債務の総額について一括相殺が行われ，残債務が確定する（532）。計算書類の作成・承認により債権債務は消滅し，内容の更改（民513）により新たに残存債権が発生することとなる。したがって，計算書類の承認がなされると，当事者は，錯誤，脱漏がない限り異議を述べることができなくなる（532本文）。計算違いがあっても残存債

権について争うことができない。錯誤，脱漏がある場合は，それにより利得した当事者に対しては，不当利得返還請求権を取得する。商法はこのことを注意的に定めている（532但書）。また，計算書類の承認行為そのものに錯誤，詐欺，強迫等がある場合は，その無効・取消しを主張することは認められる。

交互計算では，計算書類の承認により更改（民513）が行われることから，旧債権に付着していた担保権は原則として消滅する（民518）。そこで，旧債権の担保権は残存債権に引き継がれないと考えられる。消滅時効についても新たに進行する。残存債権について計算閉鎖の日から法定利息を請求できる（533Ⅰ）。ただし，組み入れられた個々の債権について利息が付いていたときは，組入れの日からの付利が認められる（533Ⅱ）。これは，民法の重利禁止（民405）の例外として認められている。

Ⅲ　交互計算の終了

交互計算期間の終了と交互計算契約の終了とは別のものである。交互計算期間の終了は，債権債務の相殺期間の到来を意味し，これにより残額が確定する。したがって，契約で定められた交互計算期間が終了しても，特約がない限り交互計算契約は当然に終了するものではない。

交互計算契約は，存続期間の満了およびその他契約の一般終了原因（民541：催告による解除・民542：催告によらない解除）で終了する。さらに，商法は，交互計算契約の終了として解除の告知権を認め，各当事者は，いつでも（交互計算契約の存続期間が定められている場合でも）解除し，直ちに計算を閉鎖し，残額について支払請求をすることができる（534）。

交互計算契約は，継続的取引関係にある当事者の互いの信用に基づいたものであり，相手方の信用状態が悪化したときは，直ちに交互計算契約を解除し決済することが認められているのである。信用状態の悪化に関し，破産法では当事者の一方が破産宣告を受けたとき（破59Ⅰ），会社更生法では当事者の一方に更生手続の開始決定があったとき（会社更生63），交互計算が終了するものとしている。

交互計算契約の終了の場合は，交互計算期間の満了と異なり，計算書類の承認を要せず残額債権が成立する。

第4章 匿名組合

I 匿名組合の意義

　匿名組合は，当事者の一方が相手方の営業のために出資をなし，相手方はその営業より生ずる利益を分配することを約する契約である（535）。匿名組合員は出資者であり，営業上の取引について取引先である第三者と直接の関係に立たず（536Ⅳ），匿名組合員の出資は営業者の財産に帰属する（536Ⅰ）。

　匿名組合は，実質的には営業者と匿名組合員の共同事業であるが，法律的には営業者の単独事業である。したがって，自己の名前が外部に現れず，社会的地位等から匿名での出資を便宜と考える出資者の意図にかなう一方，営業者のほうも匿名組合員の干渉を受けずに営業をなせる利点がある。

　匿名組合契約は，営業者と匿名組合員の間の契約であり，営業者が複数の匿名組合員と匿名組合契約を締結しても数個の契約が成立したにすぎない。匿名組合契約は，あくまで二当事者間の契約である。また，組合員相互には法律関係は生じない。

　匿名組合契約による営業は，営業者の営業であり，匿名組合の営業ではない（大判大6・5・23民録23・917）。営業者は利益が生じている限り，匿名組合員に利益を分配しなければならない。利益が生じていない場合でも一定額の支払いをなす契約が結ばれている場合は，確定利息の支払契約であり，匿名組合契約とはいえない。

Ⅱ 匿名組合契約

1 匿名組合契約

（1） **法的性質** 匿名組合の法的性質については，当事者の一方が相手方の営業のために出資をなし，相手方はその営業から生ずる利益を分配することを約することにより成立する，諾成・有償・双務の契約である（535）。匿名組合契約の性質については，商法により認められた特殊な契約であるとするのが通説である。

匿名組合には組合という言葉がついているが，民法上の組合とは異なり組合財産という観念はなく，営業者の財産だけである（536Ⅰ）。民法上の組合と異なり，組合員の持分の概念がない。また，組合の営業もなく，営業者の営業があるだけである。したがって，匿名組合員は営業者の行為について，第三者に対し権利・義務をもたない（536Ⅳ）。民法上の組合では，組合員が無限責任を負うのと異なっている。また，民法上の組合においては，組合員の脱退（民678）であるのに対し，匿名組合では解除（540）が観念されている。

（2） **第三者との関係** 匿名組合員は，第三者に対して権利義務関係を有しないのが原則であるが，匿名組合員の氏名を営業者の商号に使うことを許諾した場合は，匿名組合員は営業者と連帯債務を負う（537）。これは，名板貸しと同様に禁反言の法理に基づく。

2 匿名組合員の権利・義務

（1） **利益分配請求権** 匿名組合員は，営業者に営業を行わせる請求権を有し，営業者から利益分配を受ける権利を有する。匿名組合員は，営業利益が存在する限り，利益分配を受けることができる。分配は，約定のない限り，出資の割合に応じてなされる（民674Ⅰ）。利益は各営業年度の終わりをもって作成される貸借対照表により確定する。

（2） **営業監視権** 匿名組合員は，営業者の営業に重大な利害関係を有することから営業監視権を有する（539）。匿名組合員は，営業年度の終了時に営業者の営業時間内に，営業者の貸借対照表の閲覧または謄写を求め，または営業者の

業務，財産の状況を検査することができる。営業者の貸借対照表が電磁的記録により作成されているときは，記録された事項を書面または映像面に表示するものの閲覧・謄写の請求ができる（539Ⅰ①②，商施規9）。また，重要なる事由があるときは，匿名組合員は何時にても裁判所の許可を得て，営業者の業務および財産の状況を検査することができる（539Ⅱ）。

消費貸借契約では，営業利益の有無とは関係なく，弁済期には元本の返済，確定利益の支払いが約束されている。そこで，消費貸借契約では，貸主には，このような匿名組合契約の営業監視権が認められていないのである。

（3）　出資義務　　匿名組合員の出資は，金銭その他の財産の財産出資でなければならないが，物の利用権や無体財産権の出資でもよい。しかし，信用や労務の出資は認められていない（536Ⅱ）。

匿名組合では，出資後に，営業者の財産となった出資財産について何らの権利を有しない。営業者は，出資の義務を負わない。出資財産は営業者の財産となり，営業者の営業が行われてゆくことになる。

（4）　損失分担義務　　匿名組合員は，出資に欠損が生じたときは，その塡補をなした後でなければ，利益の分配の請求ができない（538）。営業で得られた利益で損失を塡補していき，出資がプラスになって初めて匿名組合員は利益配当が受けられることとなる。

商法538条は，匿名組合員が，利益配当請求権を有すると同時に，損失分担義務も有することを意味している。この義務は特約をもって排除できる。匿名組合員が損失を分担するとは，匿名組合員が財産を拠出して損失を塡補することではなく，出資額から分担損失額を減じることを意味する。分担の割合については，当事者間の約定により決定されるが，約定がないときは利益の分配割合に比例して割合が決定される（民674Ⅰ参照）。

3　営業者の権利・義務

（1）　出資請求権　　匿名組合契約は有償・双務の契約であり（535），営業者が匿名組合員に営業利益を分配するのに対し，匿名組合員のほうには出資の義務がある。すなわち，営業者は匿名組合員に対して出資を求める権利を有する。

（2）　業務執行義務　　営業者は匿名組合の営業を運営する義務を負っている。

営業者は営業にあたり善良なる管理者の注意義務を負うと解される（民671類推・644）。匿名組合員は，営業者の営業を自ら行い，または営業者を代表する権限を有しない（536Ⅲ）。

営業者は，匿名組合員の同意がない限り，営業廃止や譲渡はできない。また，特約がない限り，営業者は匿名組合と同種の営業をしてはならない競業避止義務を有するとするのが通説である。

なお，匿名組合員は第三者に対しては権利義務を有しないが，匿名組合員の氏，または氏名を営業者の商号中に使うことを許諾した場合は，この匿名組合員は，営業者とともに連帯債務を負う（537）。

Ⅲ　匿名組合契約の終了

1　要　件

匿名組合契約には，契約一般の終了原因，および契約期間の満了のほか，当事者の一方的解除による終了（540），当事者の意思表示によらない組合契約の終了原因（541）が認められている。

組合の存続期間について契約に定めのない場合は，6か月前に解約告知をしたうえで，営業年度の終わりに各当事者が契約を解除できる（540Ⅰ但書）。当事者の終身間匿名組合契約が存続することが定められているときでも，各当事者は営業年度の終わりに契約解除をすることができる（540条Ⅰ本文）。

匿名組合契約について一定の存続期間をおいているときはそれに従うが，その場合でもやむを得ない事由が生じた場合は，各当事者はいつでも解除することができる（540Ⅱ）。やむことを得ない事由とは，匿名組合契約を存続し難い重要な義務違反が該当すると解される。判例では，営業者が営業利益の分配をなさず，その意思を有していない場合がこれにあたるとされている（大阪地判昭33・3・13下民集9・3・390）。

商法541条では，当事者の意思表示によらない組合契約の終了原因について定められている。すなわち，①組合の目的たる事業の成功または成功不能の場合（541①），②営業者の死亡または営業者が後見開始の審判を受けた場合（541②），③営業者または匿名組合員が破産手続開始の決定を受けた場合（540③），である。

①について，営業者が営業を廃止，譲渡した場合も含まれるか争いがあるが，通説・判例は解約原因にすぎず，当然に解除されるものではないとしている（東京地判昭13・8・20判例評論28）。②は，匿名組合契約では，営業者の個人的な能力や信用が重要な要素であり当然のことである。③については，営業者の破産により営業能力が失われ，また匿名組合員の破産は，債権債務関係を清算する必要性が生じるからである。

なお，持分会社の社員の持分差押債権者は，退社請求権をもっているが（会社609），匿名組合員の債権者はこのような権利を有しない。

2 効 果

匿名組合契約が終了したとき，営業者は匿名組合員に対し，その出資の価額を返還しなければならない（542）。ただし，その出資額が損失の分担により減少している場合は，その残りの額を返還すれば足りる（542但書）。

出資が現物出資でなされていた場合は，特約がない限り金銭評価により返還がなされる。匿名組合員は，出資した財産そのものを返還することを請求することはできない。目的物は出資により営業者に帰属したからである（名古屋地判昭53・11・21判タ375・112）。一方，匿名組合員が物の使用権のみを出資していたときは，匿名組合員は所有権に基づいて物の返還を請求できる。

終了に際し，分担する損失額が出資額を超えていても，営業者は匿名組合員に追出資を求めることはできない。なお，匿名組合契約の終了は，営業の存続に影響を及ぼすものではないところから，営業者はその営業を継続させ，あるいは廃止することができる。

論点 18 匿名組合の営業者の利益相反行為と善管注意義務
（最判平28・9・6金判1508・48）

本件不動産賃貸業を行う会社Xは，総合コンサルティング等を行う会社Yとの間で匿名組合契約を締結した。Yは，営業者の営業行為として，新たに設立されるA会社に対し資本金の8割を出資した。Aとの間で，Y等が同社発行の株式をYとその親族から取得する売買契約を締結した。Xは，この営業行為が利益相反取引に該当するとし，Yに対して損害賠償責任を追及した。本決では，営業者の善管注意義務の存在が問題になった。本判決はXの主張を認めた。

営業者が匿名組合員に対し善管注意義務を有することは，これまで，学説上認められてきた。その根拠としては，民法の組合規定（民670・644）の類推に基づくものとするのが多数に及ぶ。匿名組合は匿名組合契約を介する共同企業体である。匿名組合契約は，当事者の一方が営業者に対して出資し，その営業から生ずる利益を分配するものをいう（534）ところ，中世ヨーロッパの地中海貿易において，高い身分を隠して出資したコンメンダ契約に沿革をおく。

　このように，もともと匿名の出資者と営業者間の損益関係は共通しており，営業者が匿名組合員の利益に反する行為は想定されていなかったといえる。商法規定においても，善管注意義務規定，さらには利益相反に関する規定も欠いていることからも推察される。他方，「出資」，そして出資を前提とした他者である「営業者」の存在を前提とした契約であることが示すように，営業者の行為が利益相反行為に転じて生じるリスクは潜在する。もし営業者が営業として匿名組合員に対する利益相反行為を行った場合，匿名組合員は窮地に陥る。また，匿名組合契約の法枠組み上当然のことながら組合員相互の連絡手段もない。近時，匿名組合の法形式を悪用し広く，消費者に匿名性組合への投資を勧誘し，それが消費者被害につながってきている（国民生活センター・ホームページ参照）。

　もっとも，本件ではそれとは異なり，法人たる営業者による個人的資産運用の事例であるが，出資額の半分に及ぶ金額が当該営業行為により用いられており，背信性のリスクは高いといえよう。そのように，本判決は，本件における具体的解決，およびそのための解釈において，まずもって，「実質的」な利益相反関係が生ずる点を指摘している（これは外形的には，法的外観として問題はないが，という指摘であろう）。そして，Xが，Yらが新たな会社の設立時において，同社株式の引受け，売買がすでに念頭におかれていたと評価し，営業者の行為を彼の目論みを通じる「一連のもの」と評価し，それら行為は独断的であり，その出資額が匿名組合員の出資に比しても濫用の程度が高いこと，また取得株式には市場価格がないことに着目し考察した。従来，このような，いわば受託者的地位のある者の濫用的行為について，おそらくは信義誠実の原則に基づく解決を図ったであろうところ，より積極的に善管注意義務違反にあたると評価した。

　本判決は，最高裁として初めて善管注意義務の存在について認め，営業者の行為から匿名組合員（出資者）の利益保護について明言した点に重要な意義が認められる。さらに，その利益保護は，同組合員の承諾をもって，放棄されうる可能性にも触れた点でも同様である。以上を受けて，今後は，機関投資家の事例のみならず，消費者被害の事例においても，同じく「投資」に関する本判決の判断枠組みが及ぼされていくものと思われる。

　なお，かつては航空機事業等に匿名組合形式が利用されていたところ，現下においては，匿名組合契約は投資スキームへの利用の様相を呈してきており，金融商品取引法2条2項5号の下で，集団投資スキーム持分として，「みなし有価証券」に該当するとされている。

第5章 仲立人

I 総　説

　私たちは旅行をするとき，旅行業者に航空機やホテルの手配を依頼することが多い。というのは，豊富な情報や経験をもつ旅行業者に依頼するほうが便利であり，確実だからである。この場合，旅行業者はみずから当事者として契約を締結するのではなく，顧客と航空会社との間の旅客運送契約，あるいは顧客とホテルとの間の宿泊契約が成立するように尽力する（旅行業法2 I①〜⑤）。このように，他人間の法律行為（契約）の成立に尽力すること（媒介）を仲立ちといい，他人間の商行為の媒介を行うことを業とする者を仲立人という（543）。

　仲立人には，旅行業者のほかに，商行為である不動産取引を媒介する宅地建物取引業者（宅建業者）（宅地建物取引業法2②③），海上物品運送契約等の締結を媒介する海運仲立業者（海上運送法2 IⅧ），外国為替取引を媒介する外国為替ブローカー等がいる。

II　仲立人の意義，法源と仲立契約の性質

1　仲立人の意義

　仲立人とは，他人間の商行為の媒介を行うことを業とする者（ブローカー）をいう（543）。

　「他人」は商人であることを要しないが，当事者のいずれか一方にとり商行為であることを要する。商行為でない法律行為（民事行為）の媒介を行うことを業とする者（結婚仲介業者，非商人間で宅地・建物の売買・賃貸の仲介をする場合の宅建業者等）も商人ではあるが（502⑪。最判昭44・6・26民集23・7・1264〔百選41〕），仲

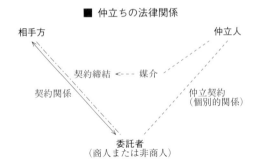

■ 仲立ちの法律関係

立人にあたらず，民事仲立人と呼ばれる。

「媒介」とは，他人間において契約の締結等の法律行為が成立するよう，各種の仲介・斡旋・勧誘等の事実行為を行うことをいう。例えば，相手方を探したり，契約内容を説明して，契約を成立させる行為等がこれにあたる。仲立人は，他人の取引を補助するだけであるから，自ら法律行為を行う問屋（551）や締約代理商（27）とは異なる。また，特定の者のために媒介をする者ではないことから，特定の者との継続的関係に基づいて媒介をする媒介代理商（27）とは異なる。

「業とする」とは，事実行為について媒介行為をすることを引き受ける法律行為を営業とすることをいう（502⑪）。

2　法　源

仲立人には仲立営業に関する商法典第2編「商行為」第5章仲立営業の規定（543～550）が適用される。商法の規定は仲立人に固有の権利義務を定めたものであるから，民事仲立人には適用されないだけでなく，仲立人が民事行為の仲立ちをする場合にも，適用されない。

仲立営業については商法の規定のほかに，各媒介行為に固有の特別法が制定されている。例えば，宅地建物取引業法（宅建業法）は宅建業者が仲立人として業務を遂行する場合のみならず，民事仲立人として媒介する場合にも適用される。これら特別法の役割は，仲立人に対する取締りから，取引の公正の確保という消費者保護へと変貌しつつある。

3 仲立契約の性質

仲立人とこの者に商行為の媒介を委託する者（委託者）との間で仲立契約が締結される。仲立人とそれが媒介する行為の相手方との間には契約関係は存在しない。

仲立契約には，双方的仲立契約と一方的仲立契約がある。双方的仲立契約とは，仲立人が委託者のために契約の成立に尽力するという義務を負うとともに，委託者が契約の成立により仲立人に報酬を支払う義務を負うもので，媒介という事実行為をすることを委託する内容であるから，準委任（民656）であり，民法の委任に関する規定が準用される。通常，委託者は仲立人の活動によって契約の成立を期待することから，仲立契約は特段の事情がある場合を除き双方的仲立契約であると解される。

これに対して，一方的仲立契約とは，仲立人は契約の成立に尽力する義務を負わないが，その尽力により契約が成立したとき，委託者が仲立人に報酬を支払う義務を負うものである。この場合，仲立人は法律行為の成立に尽力する義務を負わないことから，その性質は請負（民632）に類似した特殊な契約と解されている。

III 仲立人の義務

仲立契約は，仲立人が委託者から商行為の媒介を引き受けることによって成立する。仲立契約が成立すると，仲立人は以下のような義務を負う。

1 善管注意義務

双方的仲立契約では，民法の委任に関する規定（民643〜656）が準用されるから，仲立人は委託者のために，委任の本旨に従い，善良な管理者の注意をもって媒介を行い，契約の成立に尽力すべき義務を負う（民656・644）。

さらに，仲立人は，契約の当事者の間にあってその成立に尽力する者であることから，委託者のみならず，相手方に対しても公平誠実にその利益を図る義務を負う。相手方は仲立契約の当事者ではないが，仲立人はこの者に対しても報酬を請求することができる（550 II）。民事仲立人もまた相手方に対して業務上の一般的注意義務（善管注意義務）を負う（最判昭36・5・26民集15・5・1440）。

なお，宅建業法は，宅建業者は取引の関係者に対し信義を旨とし，誠実に業務

を行わなければならないよう求めている等（宅地建物取引業法31 I），特別法においても，それが適用される仲立人に対して善管注意義務が課されている。

2 当事者間の紛争を防止するための義務

（1）見本保管義務　仲立人がその媒介に係る行為について見本を受け取ったときは，その行為が完了するまで，これを保管しなければならない（545）。これを見本保管義務という。後日，契約当事者間で目的物について紛争が生じた場合の証拠として保管させる趣旨である。

この義務は，取引の目的物が見本と同一の品質を有することを担保する見本売買において，仲立人が見本を受け取ったときに生じるものであり，委託者でなく相手方から見本を受け取ったときにも生ずる。というのは，仲立人は契約の当事者双方のために公平に媒介し，双方の利益を平等に考慮すべきであるからである。

保管は，善良な管理者の注意をもってなされなければならないが（民656・644），仲立人自ら行う必要はない。

保管期間は行為が完了するまでである。「その行為が完了する」時とは（545），例えば，売買契約が成立し目的物が給付された時ではなく，買主が完全な給付があったことを承認する，または，買主が瑕疵担保責任を追及できる期間が経過する（526）等，目的物の品質等について紛争が生じないことが確実になった時をいう。

見本保管義務は法律上の義務であるから，仲立人は仲立料とは別に保管料を請求できない。

（2）結約書交付義務　仲立人は，自己の媒介によって，当事者間において媒介に係る行為が成立したときは，当事者がその氏名または名称を相手方に示してはならない旨を仲立人に命じたとき（548）を除き，遅滞なく，各当事者の氏名または名称，および，当該行為の年月日およびその要領を記載した書面を作成し，かつ，署名し，または記名押印した後，これを各当事者に交付しなければならない（546 I）。この書面を結約書（外国為替ブローカーが交付するコンファメーション〔confirmation〕等）という。これは，契約が成立した事実および契約の内容を明らかにして，後日，契約の内容について紛争が生じることを防ぐためである。

「要領」とは，目的物の名称，品質，数量，履行の方法・場所・時期，損害賠償額の予定等をいう。

期限付契約や条件付契約等のように，当事者が直ちに履行をすべきときを除き，仲立人は，各当事者に結約書に署名させ，または記名押印させた後，これをその相手方に交付しなければならない（546Ⅱ）。

当事者の一方が結約書を受領せず，またはこれに署名もしくは記名押印をしないときは，仲立人は，遅滞なく，相手方に対してその旨の通知を発しなければならない（546Ⅲ）。これは，結約書を受領しない当事者または署名もしくは記名押印をしない当事者には，契約の成立ないし内容について何らかの異議があると考えられ，相手方当事者に必要な措置をすみやかに講ずる機会を与えるためである。

結約書に誤りがあるにもかかわらず，それを受領した各当事者が相手方当事者または仲立人に異議を述べなかったときは，通常，当事者が契約の内容を結約書に記載された通りに変更することを黙示的に承認したものと解される。

結約書に誤りがあった結果，または，仲立人に相手方当事者が結約書の受領を拒絶したこと，もしくは，署名もしくは記名押印を拒絶したことを通知しなかった結果，当事者が損害を被ったときは，仲立人がこれを賠償する責任を負う。ただし，当事者が変更を黙示的に承認したと思われる場合には，仲立人による過失相殺が認められる。

（3） **仲立人日記帳の作成・謄本交付義務**　仲立人は，帳簿を作り，その帳簿に自己の媒介によって生じた契約につき，結約書に記載した事項（546Ⅰ①②）を記載しなければならない（547Ⅰ）。この帳簿を仲立人日記帳という。これは，仲立人の媒介によって他人間に成立した契約についての証拠を仲立人に保存させるためである。ただし，後述するように，当事者が氏名または名称を黙秘することを命じたときは，仲立人は，その氏名等を記載することはできない（548）。

そして，当事者は，いつでも，仲立人がその媒介により当該当事者のために成立させた行為について，仲立人日記帳の謄本の交付を請求することができる（547Ⅱ）。

仲立人日記帳は，仲立人自身の営業および財産の状況を記載するものではないので，商人の会計帳簿（商業帳簿）（19）にあたらない。しかし，証拠保全という趣旨から，帳簿の保存には商業帳簿に関する規定（19Ⅲ）が類推適用される。

仲立人が仲立人日記帳を作成しないとき，または，これを作成してもこの謄本の交付請求に応じないときには，仲立人は当事者に対してそれによる損害を賠償

する責任を負う。

3　氏名等の黙秘義務および介入義務

（1）**氏名等の黙秘義務**　当事者がその氏名または名称を相手方に示してはならない旨を仲立人に命じたときは，仲立人は，結約書および仲立人日記帳の謄本にその氏名または名称を記載することができない（548）。これを氏名等の黙秘義務という。仲立人は，取引当事者が氏名の黙秘を命令すれば，客観的にその必要性があるか否かを問わずこの命令に服さなければならない。これは，商取引では，当事者が駆け引きのため氏名または名称の黙秘を命ずることがあり，市場を円滑に運営するために契約の成立前に相手方を照会できないことが取引上のルールとされる場合（無担保コール取引の借主等）があることにもよる。

（2）**介入義務**　仲立人が当事者の一方の氏名または名称を示さなかったときは，それが当事者の黙秘の命令によるものであるか否かを問うことなく，当該相手方に対して自ら履行する責任を負う（549）。これを介入義務という。当事者の氏名または名称を黙秘された相手方の利益を保護するためである。それゆえに，これによって仲立人が相手方に対して行為の当事者となることはない。この点において，問屋の介入権行使の場合とは異なる（555）。

仲立人は，介入義務を履行したときは，相手方に対して反対給付の履行を請求することはできないが，履行によって責任を免れた黙秘を命じた当事者に対して求償することができる。また，相手方は，契約成立後，氏名または名称が示されなかった当事者が判明したときは，その当事者に対して履行を請求することができる。

Ⅳ　仲立人の権利および権限

1　報酬請求権

（1）**仲立人の報酬請求権**　仲立人は，自己の媒介により当事者間に契約が成立すると，結約書の交付義務（546）を履行した後，その媒介行為について相当の報酬を請求することができる（550Ⅰ）。この報酬を仲立料という。

仲立人は商人であるから（543），特約がなくとも委託者に対して報酬を請求す

ることができるところ(512),商法は,仲立人の媒介によって契約が成立しなければ,仲立料の支払いを請求することはできないこととした(成功報酬)。したがって,契約が当事者の正当な理由のないまま拒絶されたことによって成立しなかった場合には,仲立料は請求することができない。しかし,契約が成立している限り,結約書の受領が拒絶されたり,氏名または名称の黙秘命令がなされた場合であっても,仲立料は請求できる。というのは,これらは契約の成立を否定するものではないからである。また,契約が成立したというためには,それについて無効または取消しがあってはならない。契約が成立すれば,それが履行されるか否かを問わないが,契約が成立しなければ,特約がない限り,支出した費用の償還を委託者に請求することができない。

仲立料には,特約がない限り,仲立人が媒介をするにあたって支出した費用も含まれると解されるから,仲立料とは別に費用償還を請求することができない。

仲立料は,当事者双方が等しい割合でこれを負担する(550Ⅱ)。これは,仲立料の支払いに関する当事者の内部分担を定めたものではなく,仲立人は委託者の相手方に対しても仲立料の半額を直接請求することができる趣旨である。これは,仲立人は委託者の相手方に対しても公平に利益を図るものであること,紛争防止のための義務,氏名または名称の黙秘義務(548),介入義務(549)等を負担するということ,および,仲立人による媒介の利益が委託者の相手方にも及ぶこと等が根拠とされる。

(2) **民事仲立人の報酬請求権** 民事仲立人もまた,仲立人と同様に,自己の媒介によって当事者間に契約が成立した場合に限り報酬の支払いを請求することができる。ただし,仲立料とは別に費用償還の請求はできない。

民事仲立人である宅建業者について,当該業者から相手方を紹介されながら,当該業者が契約の成立まで関与しなかった場合であっても,当該業者の媒介によって契約が成立したとして仲立料の支払いを認めるか否かが問題とされることがある。判例は,宅建業者から相手方を紹介されながら,仲立料の支払義務を免れるために当事者双方が途中から仲立委託を解除し,当事者間で直接に契約を成立させた場合には当該業者に報酬請求権を認めている。最高裁は,当事者が仲立人の媒介による契約成立を故意に不可能にすることが停止条件成就の妨害にあたり,民事仲立人は停止条件成就のみなし規定(民130)に基づいて仲立料を請求できる

ことを根拠とする（最判昭45・10・22民集24・11・1599〔百選83〕）。

民事仲立人は商人であることから、契約が成立すれば委託者に対して報酬を請求することができる（512。最判昭38・2・12判時325・6）。しかし、民事仲立人は、原則として委託者の相手方に対しては報酬請求権がない（最判昭44・6・26民集23・7・1264〔百選41〕）。というのは、民事仲立人は、委託者の相手方の委託により、または、この者のためにする意思をもって媒介をするものではないからである。しかし、当事者の一方から委託を受けた民事仲立人が客観的にみて委託者の相手方のためにする意思をもって媒介をしたと認められる場合には、商法512条に基づき相手方に対して報酬を請求できる可能性がある（最判昭50・12・26民集29・11・1890）と解されている（コラム23参照）。

2 給付受領権限

仲立人は、当事者の別段の意思表示または別段の慣習がない限り、その媒介により成立させた行為について、当事者のために支払いその他の給付を受けることができない（544）。すなわち、仲立人は媒介という事実行為を引き受けただけであるから、当事者が仲立人に給付しても、相手方当事者に対する債務の履行となることはない（最判昭25・9・22刑集4・9・1766等を参照）。

自己の氏名または名称を黙秘するように命令した当事者は、仲立人に給付受領権限を与えたものと解される。

コラム 23　不動産の流通

宅地・建物の売買・交換・賃貸の媒介等を行う宅地建物取引業者（宅建業者）は、宅地建物取引業法（宅建業法）でその業務が規制されている。これらの媒介契約には、専属専任媒介契約、専任媒介契約、一般媒介契約の3類型があり、いずれの契約にするかは、依頼者の判断による。一般媒介契約では、依頼者は他の業者にも重ねて媒介を依頼できるのに対して、前二者ではそれができない（宅建業法34条の2Ⅲ）。専属専任媒介契約は、自己発見取引（依頼者が依頼した業者を介さず、自分で取引の相手方を捜し、契約をすること）ができない契約であり、この契約に基づき依頼を受けた業者は、当該契約の締結後5日以内に、目的物である宅地・建物に関する諸情報を所轄大臣が指定する流通機構（不動産流通機構）に登録しなければならず（宅建業法34条の2Ⅴ）、また、当該業者は、1週間に1回以上、書面による業務の処理状況を報告しなければならない等、当該取引の成立につき、積極的な姿勢を示す契約形態である。

第6章　問屋営業

I　総　説

　証券会社は，顧客から証券の売り注文または買い注文を受け，自己の名をもって証券取引所等において証券の売買を行い，それに伴う損益は顧客に帰属させる行為を行っている。すなわち，証券会社は，自己が証券の売買契約の当事者として，顧客の経済的損益において証券の売買を行い，その報酬として手数料を得ている。このように，自己の名をもって他人（委託者）のために物品の販売または買入れ（売買）をすることを業とする者を問屋（といや）という（551）。

　問屋もまた，代理商（27）や仲立人（543）と同じく独立した商人として企業を外部から補助する者であるが，委託者とはこれらの者とは異なった法律関係にある。

> **コラム 24**　証券取引
> 　証券市場で取引される株式には証券会社を通じ証券取引所市場で売買されるものと，店頭市場で売買されるものがある。証券取引所で売買される株式を上場株式という。上場株式の売買は，①投資者が証券会社に売買の注文を出し，②証券会社が証券取引所に注文を伝え，株式の取引が行われ，③相手方が見つかると売買が成立し，④証券会社を通じて代金や株式がそれぞれの顧客に渡される。③では，各会社の株ごとに一番高く売りたいという注文と，一番安く買いたいという注文との間で売買が行われる（価格優先の原則）。同じ値段で売りたいあるいは買いたいという人が複数いるときは，早く注文を出した人の売買を優先する（時間優先の原則）。株価（一株の値段）は需要（買い）と供給（売り）で決まる。株価を動かす要因には，当該会社に関すること（業績等），株式市場に関すること（金利，為替，政治，国際情勢，天候等）がある。
> 　証券会社は株式の売買の取次ぎのほか，株式会社の新株や社債を当該会社に代わって投資家に売却したり，自社の資金で株式の売買をするなどの業務を行っている。

Ⅱ　問屋の意義

1　総　説

　問屋とは，自己の名をもって他人のために物品の売買をすることを業とする者をいう（551）。これに対して，「とんや」は民法上の卸売商人であり，生産者から仕入れた物品を一般消費者ではなく小売商に売却する仲買人であり，商法上の問屋ではない（大判明44・5・25民録17・336）。

　問屋の代表的な例として，証券会社（有価証券の売買の取次ぎ〔ブローカー業務〕を行う場合。金商2Ⅷ②），商品先物取引業者（商品先物取引190以下）等をあげることができるが，これらの者には商法の規定のほかに，金融商品取引法や商品取引所法などの特別法の規制が及ぶ。

2　取次ぎをする者

　自己の名をもって他人ために委託された契約をする行為を取次ぎという。

　「自己の名をもって」するとは，自己が当該契約の当事者となり，その契約上の権利・義務の主体となることをいう。「他人のために委託された契約をする」とは，委託された契約を他人の計算（費用負担）において締結するという意味であり，契約上の経済的な損益を他人に帰属させることをいう。このように，取次ぎでは，問屋が契約の当事者となるので，相手方は代理人の場合のように代理権の有無等を調べなくともよく，また，委託者は相手方に自己の名前を知られないまま取引ができるなどの利点がある。

　問屋は，自己の名をもって他人の計算において委託された契約を締結することから，本人の名をもって契約を締結する締約代理商（27）や，契約締結の媒介をする媒介代理商（27）および仲立人（543）とは異なる。

　委託者たる他人は非商人でもよいし，不特定人でもよい。

3　物品の販売または買入れの取次ぎをする者

　問屋のする取次ぎの目的行為は物品の売買に限定される。物品とは，動産および有価証券をいう（最判昭32・5・30民集11・5・854）。物品の売買は委託者にと

り商行為である必要はなく，委託行為が商行為であることも要しない。物品の売買は法律行為であるから，問屋と委託者間の取次契約は委任（民643）である。

4 取次ぎの引受けを業とする者

商法は「物品の販売又は買入れをすることを業とする」（551）と定めているが，問屋は，物品の売買それ自体ではなく，その取次ぎの引受けを行うことを営業とする者（取次商）である。取次ぎの引受けは営業的商行為であることから（502⑪），問屋は商人である（4Ⅰ）。問屋にとって，物品の売買の取次ぎの引受けは基本的商行為であり，物品の売買それ自体は附属的商行為である（503Ⅰ）。

Ⅲ　問屋の法的地位

1 総　説

問屋をめぐる法的関係は，問屋，委託者および売買契約の相手方からなる。三当事者の関係は法律上の代理ではないが，委託者は売買契約上の損益の帰属主体となり，単なる委任者として扱うことは望ましくないことから，商法は，三当事者の関係を以下のように調整している。

2 問屋と相手方との関係

問屋は，委託者のために相手方との間で売買をなしたときは，相手方に対して自ら権利を取得し，義務を負う（552Ⅰ）。問屋は自己の名をもって売買をするのであるから，法律上，権利・義務の主体となるのは当然である。このように，問屋と相手方との関係は通常の売買契約の当事者間の関係と同じである。それゆえに，問屋のなす売買契約の成立および効力に影響を及ぼす事情（錯誤・詐欺・強迫等）は，問屋について決せられ，委託者と相手方との間に存在する抗弁事由や反対債権は，問屋も相手方も援用できない。

3 委託者と相手方との関係

委託者と相手方は，問屋がした売買について直接的な法律関係をもたない。それゆえ，委託者は，問屋から相手方に対する債権を譲り受けない限り，相手方に

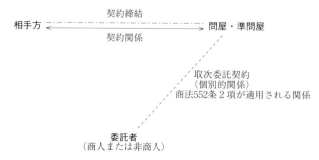

対して直接的に履行を請求できない。相手方の債務不履行によって委託者が損害を被った場合，問屋が契約当事者として，自己の名をもって損害賠償を請求できる。問屋が委託者の指図に基づいて売買契約を締結したときは，目的物の瑕疵などに関する委託者の悪意（526Ⅲ等）は問屋の悪意と同視される。

4 問屋と委託者との関係

（1） **基本原則**　問屋が委託者から物品の売買の取次ぎを引き受ける場合，両者の間で問屋契約（取次委託契約）が締結される。問屋契約は，問屋が物品の売買という法律行為をなすことを引き受ける契約であるから，委任契約（民643）である。したがって，問屋・委託者間には，商法551条以下の規定のほか，委任に関する規定が適用されるはずであるが，商法は「委任及び代理に関する規定を準用する」と定める（552Ⅱ）。また，取次ぎと代理とは，問屋・代理人の行為の経済的効果が委託者・本人に帰属することにおいて共通するので，問屋・委託者間には代理に関する規定が準用される。商法552条2項については，委任の規定を適用し，準用するのは代理の規定であると解される（最判昭31・10・12民集10・10・1260）。代理の規定を準用するとは，問屋と委託者との関係において，売買の効果が当然に委託者に帰属するという趣旨である。しかし，問屋が委託者の指図に従わず売買した場合（最判平4・2・28判時1417・64〔百選85〕）には，委託者は売買の効果の帰属を拒否できるとする見解がある。

問屋が委託者のために相手方との間で締結した売買契約上の効果はいったん問屋に帰属する（552Ⅰ）。それゆえに，問屋が物品を売買するにあたり受け取った

売買代金，および，問屋が相手方から買い入れた売買の目的物は，いずれも委託者にこれを引き渡すまでは問屋に帰属する。しかし，これらは委託者の計算において取得したものであるから，その経済的効果は委託者に帰属することになるので，問屋は金銭その他の物を委託者に引き渡し，自己の名をもって取得した権利を委託者に移転することになる（552Ⅱ，民646）。

（2） 問屋の破産（問屋の一般債権者と委託者との関係）

委託者から物品の買入委託を受けた問屋が委託者に対する目的物の引渡義務を履行する前に破産した場合，問屋の権利は破産財団に組み込まれるゆえに，商法552条に関する前述の解釈に従えば，委託者は，委託した売買契約が成立していることから問屋に対して報酬および立替金支払義務を負うものの，売買代金や目的物について，問屋の一般債権者に対して取戻権（破62）を有しないこととなり，委託者は大きな損害を被るおそれがある。

判例（最判昭43・7・11民集22・7・1462〔百選86〕）は，証券会社が委託者のために委託者の預託した金銭で取得した株券を委託者に引き渡す前に破産宣告を受けた事案において，売買契約上の権利について実質的利益を有するのは問屋ではなく委託者であり，問屋の債権者は問屋が委託を受けてなした売買により取得した権利についてまでも自己の債権の一般的担保として期待すべきではないとして，問屋が破産宣告を受けた場合，委託者は売買契約上の権利について取戻権を認めている。しかし，この判例に対しては，利益衡量のみがむき出しの形で現れており，取戻権を基礎づける理論構成が示されていないと批判される。

学説では，従来の通説は，代理に関する民法99条を準用しても，それは委託者と問屋との間の内部関係に準用されるだけで，移転行為がなされないうちに問屋が破産しても，特別な規定がない以上，委託者の取戻権を基礎づけることはできないと解していた。これに対して，現在の通説は，委託者の取戻権を認める。その理由として，問屋の債権者は問屋が委託に基づく売買によって取得する権利についてまで自己の債権の一般的担保として期待すべきではなく，実質的な利益状態に基づいて，委託者は問屋およびその債権者に対して自己に属する権利につき取戻権を行使できると解すべきであるとする見解や，商法552条2項のいう問屋とは，問屋の債権者をも含むものと解し，委託者は問屋が所有権を取得すると同時に，問屋およびその債権者に対する関係で所有権を取得するから，取戻権を有

するとする見解が主張されている。

Ⅳ　問屋の権利・義務

1　問屋の義務

（1）　**善管注意義務（一般的義務）**　問屋契約は委任契約の一種であるから，商法に規定がないときは民法の委任に関する規定（民643～655）が適用され，問屋は，委任の本旨に従い，善良な管理者の注意をもって，委託者のために物品の売買契約を実行し（民644），委託者に売買代金などの引渡しをなし（民646），場合によっては，目的物の保管，委託者に帰属する権利の保全（526Ⅰ等）等の措置を講じなければならない。

（2）　**履行担保義務**　問屋は，委託者のためにした物品の売買につき，相手方が問屋に対して負担すべき債務を履行しないときは，当事者の別段の意思表示または別段の慣習がない限り，委託者に対して自らその履行をする責任を負う（553）。というのは，委託者は相手方と直接の法律関係がなく，問屋が行う物品の売買による経済的効果は委託者に帰属することから，相手方が債務を履行しない場合には損害を被るゆえに，問屋を信頼して物品の売買を委託した委託者を保護し，問屋制度の信用を確保する必要があるからである。

問屋が負担すべき履行担保義務の内容は，相手方が問屋との間でなした物品の売買契約上負担する義務と同じであり，売買代金支払や目的物引渡等の義務のほか，契約に関連する代金減額や損害賠償等の義務が含まれる。

問屋の手数料が低く定められているような場合には，別段の意思表示があったものと推定され，問屋は履行担保義務の負担を免除される。

（3）　**指値遵守義務**　問屋は委託者の指図に従わなければならない。すなわち，委託者が物品の売買の委託をするに際して，一定の価格で売買をなすべき旨を指示した場合（指値による売買の委託），問屋はこれに従う必要がある。これを指値遵守義務という。したがって，問屋が指値より廉価で販売し，または，高価で買い入れた場合には，委託者は，その売買の効果を自己に帰属させることを拒否することができる。

しかし，問屋が指値より廉価で販売し，または，高価で買い入れた場合であっ

ても，自らその差額を負担するときは，その売買は委託者に対してその効力を生ずる（554）。というのは，この場合，委託者は指値で売買された場合と同じ経済的効果を得ることができるし，問屋としても，たとえ差額を負担するとしても報酬のほうが多ければ利益となるからである。ただし，問屋は常に差額を負担する義務はなく，また，委託者は問屋に差額を負担するよう請求できない。したがって，問屋が指値に反した契約をした場合，委託者は当該契約の効果の帰属を拒否し，善管注意義務違反に基づく損害賠償を請求しうるにすぎない。これに対して，指値より高価での販売または廉価での買入れといった，委託者のために委託者に有利な物品の売買契約がされた場合には，その効果は委託者に帰属する。

（4）通知義務　問屋が委託者のために物品の売買をしたときは，遅滞なく委託者に対してその通知をしなければならない（557→27）。このように，委任に関する民法の規定（民645）の適用が排除され，代理商の通知義務の規定（27）が準用される。というのは，民法645条によれば，受任者は委任者の請求があるときはいつでも委任者に委任事務の処理に関する報告等をする義務を負うものとされるが，問屋については，代理商と同じく，商人であるから，取引の迅速性が要請され，委託者からそのような請求がなくとも迅速に通知する義務が課せられるのが妥当だからである。

これを怠った問屋は，委託者に対して損害賠償責任を負う。なお，通知は取引の結果を委託者に帰属させるための要件ではない。

2　問屋の権利

（1）報酬請求権・費用償還請求権　問屋は，商人であるから，特約がない場合でも，委託者のためになした物品の売買につき相当の報酬を請求する権利を有する（512）。報酬の請求は，委託事務を履行した後でなければ行うことができない（民648Ⅱ）。委託事務の履行が問屋の責任とならない事由により履行途中で終了したときは，問屋は，すでにした履行の割合に応じて報酬を請求することができる（民648Ⅲ）。

問屋は，委託された物品の売買を処理することにつき費用を要するときは，委託者に対してその前払いを請求することができる（民649）。問屋が委託事務の処理に必要であると認める費用（関税・倉庫保管料など）を立て替えたときは，委託

者に対して，その費用および支出の日以後におけるその利息の償還を請求することができる（民650Ⅰ，513Ⅱ）。

（2）介入権　ⅰ）総説　問屋は委託者から物品の売買を委託されているのであるから，問屋が自ら買主または売主となって契約を成立させることは，一般的に，委託の趣旨から認められない。というのは，この場合，問屋は善管注意義務を負っているとはいえ，委託者の利益を犠牲にして自己の利益を優先させる危険があるからである。しかし，それを行うことが委託者の利益を害するおそれがない場合には，商法はこれを認めている。すなわち，問屋は取引所の相場のある物品の売買の委託を受けたときは，自ら買主または売主となることができる（555Ⅰ前段）。これを問屋の介入権という。

ⅱ）介入の要件　売買の委託を受けた物品について取引所の相場のあることを要する（555Ⅰ後段）。というのは，この場合，価格面において委託者の利益が害されるおそれがないからである。委託の際に売買をなすべき地が指定されているときには，その地に取引所の相場があること，指定がないときには，問屋の営業所所在地に取引所の相場があることを必要とすると解される。

委託者が介入を禁止していないことを要すると解される。委託者が売買について特定の相手方を指定した場合，および，一般的に介入を禁止した場合には，問屋は介入できない。

当該物品について売買契約を締結していないことを要すると解される。契約の締結により，契約上の権利・義務は委託者に帰属するからである。

法律により介入が禁止されていないことを要すると解される。

ⅲ）介入の方法　介入は，委託者に対して，問屋の一方的意思表示によりなされる。それゆえに，問屋が買主または売主になったことの通知が委託者に到達した時に，介入の効力が発生する。介入は，善良な管理者の注意義務をもって，適切な時期になされなければならない。売買の代価は，通知を発した時における取引所の相場によって定められる（555Ⅰ後段）。

ⅳ）介入の効果　問屋は介入すると，問屋として委託を実行したこととなり，報酬請求権（555Ⅱ）などの権利を行使することができるとともに，委託者に対して買主または売主と同様の地位に立つ。

（3）供託権・競売権　問屋が物品の買入委託を受けた場合において，委託

者が買い入れた物品を受領することを拒みまたはこれを受領することができないときは，問屋は，その物品を供託し，または，相当の期間を定めて催告した後に競売することができる（556→524）。これは，買入委託を受けた問屋と商人間の売買における売主の地位が類似していることから，問屋を保護するために問屋に認められた権利である。

（4）留置権　問屋は，委託者に対して報酬請求権と費用償還請求権とを有するが，これらの債権を担保するために，別段の意思表示がない限り，委託者のために物品の売買をしたことにより生じた債権が弁済期が到来しているときは，その弁済を受けるまで委託者のために占有する物または有価証券を留置することができる（557→31）。

問屋に商人間の留置権に関する規定（521）が準用されず，代理商の留置権に関する規定（31）が準用されるのは，委託者が商人でないこともあるからである。問屋の留置権は，以下の点において商人間の留置権よりも強力である。

■ 問屋の留置権と商人間の留置権の比較

	問屋の留置権（557→31）	商人間の留置権（521）
留置権の当事者	委託者は商人であることを要しない	当事者は商人に限る
債権の発生事由	商行為により問屋の占有に帰したことを要しない	商行為により債権者の占有に帰したもの
留置の目的物	委託者のために問屋の占有する物または有価証券に限らない	債務者の所有する物または有価証券

V　準問屋

自己の名をもって他人のために物品の売買以外の行為をすることを業とする者を準問屋といい，商法551条以下の問屋営業の規定が準用される（558）。準問屋には，広告主から受託する広告業者（東京地判平3・11・26判時1420・92），旅行業者が旅客運送または宿泊などの取次ぎを営業とする場合などが含まれる。物品運送の取次ぎを業とする運送取扱人については，商法559条以下に特別の定めがある。

これらの者は，自己の名をもって他人のために契約をすることを業とする取次商に属するという点においては，問屋と異ならない。準問屋および運送取扱人もまた商人である（502⑪・4 I）。

第7章 運送営業

I 総説

1 意義

運送とは物または人を場所的に移動させることをいい，物または人を場所的に移動することを引き受ける契約を運送契約という。現代社会において，物または人の場所的移動は全世界的な規模で行われており，この巨大な運送網から個人や企業が享受する利益は計り知れない。運送は現代社会を構成する最も重要な生活必需的要素の1つであるといえよう。このような運送の重要性を考慮し，運送取引当事者間の私的利益を調整することを主たる目的として，商法は運送取引に関する一連の規定を設けた。ただ，あらゆる運送が商法の対象となるのではない。

2 運送営業に対する平成30（2018）年改正前商法の規制

運送は，その対象により物品運送と旅客運送に区別され，またその運送の行われる場所により陸上運送・海上運送・航空運送に分けられるが，商法はこれまで

コラム 25　商法典における運送営業規定の体系的意味

　商法典における運送営業に関係する規定は，第2編「商行為」第7章以下に，運送取扱営業，運送営業および寄託の一種としての倉庫営業の順に定めている。運送取引関係の基本的営業である運送営業より先に運送取扱営業が規定されたのは，運送取扱営業が取次業の一種として，同じく取次業の一種である問屋営業の後に規定されたにすぎない。また場屋取引営業に関する規定が運送営業と倉庫営業を分断する形で規定されているが，これは倉庫営業が寄託の一種として場屋営業者の寄託責任の次に規定したものと思われる。場屋取引営業は客の来集を目的とする設備の利用による無形材としてのサービスを提供・享受する取引であり，商法の体系的視点からみればこれらの規定の順序は適切でないといえよう。

陸上運送を「商行為」編（第２編第８章）に，海上運送を「海商」編（第３編第３章）に規定するという規制方法をとってきた。しかも商法上の陸上運送には，陸上のほか湖川港湾における運送も含んでいたので（改正前569），陸上運送と海上運送の区別が商法上あいまいであった。また海上運送については，海商編の規定とは別に国際海上物品運送法があり，船舶による物品運送で，船積港または陸揚港が本邦外にある運送については同法が適用される（国際海上物品運送法１）。

3　運送営業に対する商法の規制の不備の解消

近時ますます重要性が高まっている航空運送については，これまで特別の私法規定がなく，自動執行条約（self-executing treaty）である1999年モントリオール条約や国際航空運送条約の出発点となった1929年ワルソー原条約，それを改正する1955年ハーグ改正ワルソー条約等に依拠した航空運送約款による規制にゆだねられ，この航空運送と同様，コンテナの普及により進展の目覚ましい陸上・海上・航空のいずれか２つ以上の運送を組み合わせた複合運送についても私法規定が存在しないという不完全な状態にあった。

さらに，陸上・海上・航空の運送取引すべてに共通する問題であるが，運送営業は，今日の市民生活に不可欠の，いわば企業および一般大衆の生活必需的サービスの提供という公共的任務を担っており，公私両面にわたって監督官庁の厳しい規制に服している。そのためこの関連分野ではさまざまな取締法令が制定され，例外なく適用される普通取引約款に対して許認可による監督規制がなされている。その意味で運送営業に関する商法の規定は一般法として補充的に適用されるにすぎない。

平成17（2005）年の会社法制定に伴う商法改正においても，運送取引に関する規定は，明治32（1899）年に商法が制定された当時のままカタカナ文語体表記が維持されており，しかも運送営業の一部しか規制されていないので，目覚ましい発展を続ける今日の運送取引に適合しにくくなっており，この立法上の不備をいかに解消するか運送取引規制の緊急の課題であった。

平成30（2018）年５月に成立公布された改正商法によると，第２編第８章運送営業と第３編海商に関する改正を主とするが，規定の体系は変えずにカタカナ表記の規定はすべてひらがな口語体表記にされ，第７章運送取扱営業など付随的に

現代化が図られている。

　最も注目すべき改正点は，上記の2つの不備を補完したことである。改正前の運送営業の総則規定（569）は，陸上運送に関する規定であったが，改正後の総則規定は陸上運送，海上運送および航空運送に共通に適用されるものとし，複合運送人の責任規定（578）を新設したことである。総則にいう運送人とは，陸上運送，海上運送または航空運送の引受けをすることを業とする者と定義し（569①），航空運送とは，航空法2条1項に規定する航空機（有人航空機に限定）による物品または旅客の運送をいうと定める（569④）。

　改正前の総則規定では，湖川港湾における運送も陸上運送の取扱いをしていたが，改正商法では，湖川，港湾その他海以外の水域において航行のように供する船舶による物品運送については，非航海船の定義と非航海船による物品運送に対する航海船による海上物品運送の規定の準用（747）により，海上運送として取り扱われることになった。

コラム 26　平成30（2018）年改正商法の国内運送ルールと国際運送ルールの関係

　平成30（2018）年改正商法は，運送契約に関する規定を運送種類ごとに別個に設けるのではなく，すべての運送種類に共通に適用される総則規定を設け，かつ基本的に任意規定としている。国際運送ルールでは，運送種類ごとに別個の条約があり，基本的に強行規定を定める条約の規律とは基本的に立場を異にする国内運送ルールということになる。わが国が加盟する国際条約の場合，海上運送ではヘーグ＝ヴィスビー・ルールズ（1979年改正議定書批准），航空運送では1999年モントリオール条約等が適用される国際運送と条約が適用されない国内運送で適用されるルールが異なるというのは関係当事者にとって納得しかねる面がある。したがって，グローバル化の観点から支配的な国際ルールになっている条約の規定を国内法に取り入れている国も少なくない。改正商法の審議過程で，まず陸上運送についての改正方向が検討され，次いで海上運送や航空運送の規律の改正方向が検討された結果，陸上運送に関する規律の基本を海上運送や航空運送に妥当させても問題ないとされたようである。商法の総則規定をはじめ多くの規定が任意規定であることから，例えば，航空貨物運送における運送人の責任限度額の規定のように，普通取引約款で必要な定めをすれば調整できるというわけである。

Ⅱ　物品運送

1　意　義

　物の場所的移動を行うことが物品運送であるが，物品運送の引受けをなすすべての契約が商法の対象となるのではない。商法の対象となる物品運送契約とは，業として，すなわち営業として締結される物品運送契約である。それゆえ，商法の対象となる物品運送の引受けをする者は，物品運送の引受けを業として行う者，すなわち運送人であり，商法上の商人である（502④・4Ⅰ）。したがって，物品運送契約とは，運送人がその保管の下に物品の運送をすることを引き受ける契約のことをいう。運送人は，運送の引受けをする者であるから，契約運送人と実際運送人が異なる場合，契約運送人が運送人と解される。物品運送契約の当事者は，運送人と運送の委託者である荷送人である。物品運送においては，この他に荷受人が重要である。この荷受人とは，物品運送契約の当事者ではないが，物品の到達地において運送品の引渡しを受けるべき者である。荷受人については後述する。

　物品運送契約は，契約類型としては請負契約（民632）の一種であるが，完成されるべき仕事が物または人の場所的移動である点にその特徴がある。また，その法的性質は，有償・諾成・不要式の契約である。

2　荷送人の義務

（1）　送り状の交付義務（571）　　荷送人は，運送人の請求により，571条所

コラム 27　物品（貨物）の運送営業と倉庫営業の関係

　運送営業と倉庫営業は，どちらも対象商品の価値を高めるという点で共通の経済的機能がある。すなわち，商品が生産者あるいはメーカーなどの供給者から消費者に渡る流通の過程でみた場合，運送営業は，商品を場所的に移動することにより動的に商品の価値を高めるのに対し，倉庫営業は，時間的に商品を保管することにより静的に商品の価値を高めるという側面があるからである。しかし倉庫営業にしても実際の経済的機能は極めて多目的である。商品が生産者から消費者へ渡るまでに，卸売商や小売商を介して中間に運送業者から倉庫業者へ，あるいはその逆に倉庫業者から運送業者へ商品が引き渡されるのが通例であり，両者は密接な関係があるから運送営業と倉庫営業を兼ねる業者は少なくない。

定の事項を記載した書面を交付しなければならない (571 I)。平成30 (2018) 年改正前商法で「運送状」と呼んでいた書面を「送り状」と改めた。荷受人に知らせるべき事項として，①運送品の種類，②運送品の容積・重量・個数・記号，③荷造りの種類，④荷送人および荷受人の氏名または名称および⑤発送地および到達地を記載する。送り状の交付に代えて，運送人の承諾のもとに，送り状に記載すべき事項を電磁的方法により提供することができる (571 II)。これまでの運送状に記載が必要であった「作成地と作成年月日」は削除され，法律上要求された荷送人の署名も要求されない。貨物引換証については，実務での利用例がほとんどないので，規定自体が削除された。

（2） **危険物に関する通知義務** (572)　平成30 (2018) 年改正商法は，危険物の引渡し前に，運送人に対し，その旨および当該運送品の品名，性質その他当該運送品の安全な運送に必要な情報を通知する義務を荷送人に課している。何が危険物であるか，消防法，毒物及び劇物取締法，航空法施行規則などに規定があるが，民事の一般法であることにかんがみ，危険物の処分に関する国際海上物品運送法6条と同様，「引火性，爆発性その他の危険性を有する」運送品というように抽象的に定めているにすぎないので，解釈にゆだねられる。そのため，物理的な危険物だけでなく拿捕等のリスクのある法律的な危険物，将来的に公法上の規制の可能性のある新種の危険物，運送方法によって危険物になりうるものなどどこまで危険物と解すべきか議論の余地がある。

　危険物の通知義務に違反した荷送人の損害賠償責任については，民法の原則通り過失責任とされる。封印されたコンテナの運送を引き受けた元受運送人が荷送人として下受運送人に委託する場合や危険物の知識が乏しい一般消費者が荷送人になる場合などに無過失責任を課すのは酷だからである。

（3） **運送賃支払義務** (573)　運送賃は，到達地における運送品の引渡しと同時に，支払わなければならない (573 I)。改正前と同様，不可抗力による運送品の滅失・損傷の場合，運送人は運送賃を請求できず，すでに運送賃を受け取っていたときは，返還を要する。運送品の滅失・損傷が運送品の性質・瑕疵または荷送人の過失による場合は運送人は荷送人に運送賃の全額を請求できる (573 II)。

3 運送人の責任

（1） 運送人の損害賠償責任（575）　運送人は，運送品の受取から引渡しまでの間に運送品の滅失・損傷もしくはその滅失・損傷の原因が生じ，または延着が生じたときは，損害賠償責任を負う。荷送人側が運送中に滅失等が生じたことを証明すれば，運送人側で運送品の取扱いに関して注意を怠らなかったことを証明できない限り，運送人は責任を負う。

運送品の滅失とは，物理的滅失のほか，盗難，紛失，無権利者への譲渡などの引渡不能の場合も含む。改正前は履行補助者の運送品の取扱いも明記していたが，民法の一般原則から同様の結論になるので，削除された。

（2） 損害賠償の額（576）　ⅰ）滅失・損傷の場合　運送人の賠償すべき額は，大量の運送品を扱う運送営業の性質から，賠償額が定型化されている点が一般の債務不履行の場合（民416）と異なる。すなわち，運送品の引渡しがされるべき地および時における運送品の市場価格（取引所の相場がある物品については，その相場），市場価格がないときは，その地および時における同種類で同一の品質の物品の正常な価格によって定められる（576Ⅰ）。たとえ予見可能な場合でも特別損害は考慮せず，通常損害についても一律の損害算定を可能とするので運送人に有利である。そのため，運送人の故意または重過失で運送品の滅失・損傷が生

コラム 28　運送人の損害賠償額の比較

貨物自動車運送事業について国土交通大臣が定める「標準貨物自動車利用運送約款」では，貨幣，紙幣，銀行券など具体的に高価品を例示するとともに，容器および荷造りを加え1キログラム当たりの価格が2万円を超える貨物を高価品としてその貨物の種類と価格の明告を義務付け，その範囲内で運送人の損害賠償額を規定（9条）している。国際海上物品運送法13条1項に定める海上運送人の責任は，1包または1単位につき666.67SDR（特別引出権）または運送品の重量1キログラム当たり2SDRを乗じてえた金額のいずれか多いほうの額に限定され，各種船荷証券（B/L）に規定されている日本船の運送人の責任限度額は1梱包・1単位当たり10万円とされている。航空運送人の場合，1955年ハーグ改正ワルソー条約が適用される国際運送では，貨物・託送手荷物1キログラム当たり250金フラン（約20米ドル），1999年モントリオール条約が適用される国際運送では，貨物については1キログラム当たり19SDR，手荷物については旅客1人当たり1131SDRにそれぞれ責任制限され，国内運送では，貨物については1口当たり3万円を基準にしてそれを超える価額申告制度を定め，手荷物については旅客1人当たり15万円の責任限度額を定め，これを超える部分については1万円につき10円の従価料金を支払って高価品の明告をなしうるとしている。

じたときは適用されない（576Ⅲ）。この場合，運送人は一般原則に従って一切の損害を賠償することを要する。重過失とは故意に近似する注意欠如の状態をいう。重過失の立証は困難なため，運送人の支配下に移った運送品の紛失原因が不明で，運送人側が立証に協力しなかった場合に，運送人の重過失を推認した判例もある（東京地判平元・4・20判時1337・129）。

ⅱ）延着の場合　　定額賠償ではなく，民法の一般原則（民416）によって算定されるので，運送人は一切の損害を賠償する義務を負う。逸失利益など相当因果関係内の損害でも多額になる可能性があるので，約款で限度額が設けられるのが通例である。

（3）　高価品の特則　　運送品が貨幣・有価証券その他の高価品の場合には，荷送人が運送を委託するにあたりその種類および価額を通知しなければ，運送人は，その滅失・損傷または延着について普通品としての損害賠償責任も負わない（577Ⅰ）。高価品とは，容積または重量の割に著しく高価な物品をいうが，その判断が困難なため，実際には約款などで高価品の範囲を具体的に定めているのが通例である。高価品は盗難など損害発生の危険が大きく，損害額も多額になるのに，高価品の通知がないと運送人はその危険に見合った注意を払うことができないし，割増運送賃も請求できないとなれば，運送人に過酷な責任を負わせることになるからである。

荷送人は高価品についてその種類および価額を運送人に通知する必要があるが，種類の通知により価額を推知できるときは，価額の通知は必要でない。価額が通知された場合でもそれが直ちに損害賠償額になるのではなく，実損額が通知された価額より低い場合は，運送人は実際の価格と損害を立証して，実損額を賠償すれば足る。反対に，荷送人は運送人に通知した価額に拘束され，実損額が通知した価額より高くても，通知された価額以上の請求はできない。商法577条の趣旨は，運送人の賠償額の最高額を予知させることにあり，通知された価額以上の賠償を請求することは禁反原則に反するからである。

この高価品の特則の適用除外についてさまざまな議論があった。第1に，高価品の通知がなかったが，運送人が高価品であることを知っていた場合，第2に，運送人の故意または重大な過失で高価品の滅失・損傷または延着が生じた場合である。第1の場合については，運送契約の締結時に運送人が高価品であることを

> **コラム 29** 高価品の実務上の扱い
>
> 　貨幣，有価証券，貴金属その他の高価品については，運送委託の申込み時にその種類および価額が運送人に申告され，従価料金の支払いがなされないと，その高価品に損害が生じても運送人は責任を負わないが，どのような物が高価品にあたるか必ずしも明らかでないので，各種運送約款でその具体例を列挙し，かつ単位重量当たりの価額が一定額を超えている物を高価品としてその対象範囲を広げているのが通例である。約款では高価品の申告とともに従価料金の支払いを要求しているが，高価品とする基準が低いため従価料金は割高である。そのため運送委託者は高価品の申告をする代わりに割安の運送保険を付けて盗難等の危険に対処することが多い。その結果，運送品の滅失等による損害をめぐって訴訟が提起されると，訴訟当事者になるのは，荷主に保険金を支払って運送人に代位請求する保険会社であることが少なくない。また高価品として申告して運送委託される場合，特別な容器等に入れて保管し運送されると，国によってはかえって盗難等を招く危険性があるため普通品として運送委託することもあるという。

知っておれば，運送を拒絶したり，割増運送賃と引き換えに特別な措置を講じたりすることができるので運送人を免責する必要は認められない。第2の場合についても運送人を免責するのは信義にもとる。そこで改正商法では，この2つの場合について，高価品の特則の適用除外を明記した（577Ⅱ①②）。

　（4）　**運送人の責任の消滅**　　ⅰ）　特別消滅事由　　運送人の損害賠償責任は，免除その他の一般的消滅事由によって消滅するが，多数の運送関係を処理する運送人の保護のため，次のような特別消滅事由を定めている。すなわち，運送品の損傷または一部滅失についての運送人の責任は，荷受人が異議をとどめないで運送品を受け取ったときは消滅する（584Ⅰ）。平成30（2018）年改正前商法588条では，運送品の受取と運送賃等の支払いの2つの要件を責任の消滅事由としていたが，これだと運送賃等の支払いが後払いの場合，いつまでも責任が消滅しないおそれがあるので，運送品の異議なき受取だけを要件とした。ただし，直ちに発見できない損傷または一部滅失の場合には，荷受人が引渡しの日から2週間以内に運送人に対してその旨の通知をすれば運送人の責任は消滅しない（584Ⅰ但書）。運送品の引渡しの当時，運送人が運送品の損傷または一部滅失のあることを知っていたときも同様に消滅しない（584Ⅱ）。

　　ⅱ）　短期消滅事由　　運送品の滅失等についての運送人の責任は，運送品の引渡しがあった日（全部滅失の場合はその引渡しがされるべき日）から1年以内に

裁判上の請求がなされない場合に消滅する（585Ⅰ）この期間は損害発生後に限り，合意により延長できる（585Ⅱ）。下請運送の場合，元受運送人が上記の期間内に損害を賠償しまたは裁判上の請求をされた日から3か月を経過する日まで延長されたものとみなされる（585Ⅲ）。

（5）　**不法行為責任との関係**　　商法575条の規定は，運送契約に基づく債務不履行責任に関する規定であるが，運送人が運送契約に従い債務を履行するにあたり他人に損害を与え不法行為に基づく損害賠償責任を負う場合が起こりうる。この場合損害を被った者が荷送人や荷受人である場合，荷送人は運送人に対して債務不履行に基づく損害賠償請求権とともに不法行為に基づく損害賠償請求権を行使できると考えられ，同一の損害に対して2つの請求権が競合するという問題が生じる。通説・判例は請求権の競合を認める立場である（最判昭44・10・17判時575・71）。そうすると運送人の債務不履行責任に関して，高価品の特則（577），損害賠償額の定額化（576），運送人の損害賠償責任の消滅（584・585）の規定があっても，不法行為責任を追及されると無意味になってしまう。そこで改正商法はこれらの条文を不法行為責任の追及に準用することにした（587）。ただし，荷受人が不法行為に基づき損害賠償請求をする場合については，荷受人が荷送人の委託による運送を拒んでいたにもかかわらず荷送人から運送を引き受けた場合には，

論点 19　請求権競合説と法条競合説

　商法577条に基づく損害賠償責任と不法行為（民709）に基づく損害賠償責任との関係については，同一の事実が両者の責任のそれぞれを満たす場合に，相手方はどちらの責任をも追及することができるとする考え方（請求権競合説）と，債務不履行の規定は不法行為の規定の特則であり，不法行為とは異なって契約関係を前提としているから，債務不履行責任が成立する場合には不法行為責任は排除されるとする考え方（法条競合説）とが対立している。さらに基本的に請求権競合説を採りながら，運送品の取扱いに通常伴うような原因による滅失・損傷ではなく，運送人やその使用人に故意・重過失がある場合のように，契約が予想する範囲を逸脱する行為があったときには不法行為責任も認める説もある。請求権の競合を認めると，免責約款で契約責任が減免される場合でも不法行為責任を免れない場合が生じうるし，特に運送品の滅失・損傷・延着による運送人の責任について，債務不履行責任は荷人が運送品を受け取った日から1年の短期消滅時効にかかるが（586），不法行為責任は損害および加害者を知った時から3年または不法行為の時から20年の経過により消滅するだけなので（民724），両者を選択的に行使できれば，被害者たる債権者にとって有利である。

商法の準用を認めないことにした (587但書)。

さらに，運送人の被用者によって運送品の滅失等が生じた場合，荷送人または荷受人が当該被用者に直接不法行為に基づく損害賠償請求ができるかという問題もある。判例はこれを肯定する (前掲最判昭44・10・17)。これにより運送人の被用者に対する不法行為責任を無制限に追及できるのであれば，運送人が被用者からの求償に応じることによって，債務不履行に関する規定の不法行為責任に準用を認めた意味がなくなる。そこで改正商法は，運送人自身の損害賠償責任が免除または軽減される限度で，その被用者の不法行為責任も免除または軽減されることにした (588 I)。ただし，運送人の被用者の故意または重過失によって運送品の滅失等が生じたときは適用されない (588 II)。

4 荷受人の地位

運送契約の当事者は，荷送人と運送人であるが，運送契約の性質上，到達地において運送品を受け取る者がいなければならず，この者を荷受人という。荷受人は運送契約の当事者ではないが，荷受人も運送の進行に従って運送人に対して一定の権利を得，義務を負うことになる。

（1） **荷受人の権利** 荷受人の運送人に対する権利は，運送品が到達地に到着する以前には存在しない。したがって，この段階における運送品処分権を行使できるのは荷送人である。これまでは，運送品が途中で全部滅失した場合，運送人に損害賠償請求できるのは荷送人に限られていたが，貿易実務における CIF 売買の場合，運送中の運送品滅失のリスク負担は買主の荷受人にあることにかんがみ，荷受人にも損害賠償請求できる必要があり，改正商法は荷受人に荷送人と同一の権利を取得するものとした (581 I・II)。

次に，運送品が到達地に到着したときは，荷受人は運送契約における荷送人の権利と同一の権利を取得し，運送人に対して運送品の引渡しを求めたり，その他の指図をすることができる (581 I)。もっとも運送品が到達地に到着した段階では，荷送人の権利は消滅せず，荷受人が引渡請求するまでは (581 II)，荷受人と荷送人がともに権利を有することになり，かつ荷送人の権利が荷受人の権利に優先すると解される。

運送品が到達地に到着した後，荷受人がその引渡しを請求したときは，商法

581条2項によると荷送人の権利が消滅しそうであるが，この段階でも荷送人の権利は消滅せず，荷受人の権利が荷送人の権利に優先すると考えるのが妥当である。というのは，運送品の引渡しにつき争いがある場合に運送人が荷送人の指図を受けなければならない（582Ⅱ）ことの説明がつかなくなるからである。運送契約における当事者でない荷受人がこのような権利を取得するのはなぜだろうか。その法的構成には争いがあるが，運送人と荷送人との間で荷受人を受益者とする第三者のためにする契約（民537）が締結されたと解するのが多数説である。

（2）　荷受人の義務　　荷受人が運送品を受け取ったときは，荷受人は運送契約により生じた荷送人の義務，すなわち運送賃その他の費用の支払義務を運送人に対して負担することになる（581Ⅲ）。ただし，この運送賃や費用の支払いは，運送品の引換えと交換になされる。というのも，運送人は運送品に対して留置権を有するからである（574）。荷受人がこの義務を負う場合でも，荷送人はその義務を免れるわけではない。両者の義務は不真正連帯債務となる。

5　複合運送

（1）　複合運送契約　　陸上運送，海上運送または航空運送のうち二以上の運送を一の契約で引き受けた場合のいわゆる複合運送において，運送品の滅失等が生じた際の運送人の責任に関する規定がこれまでなかった。そのため複合運送が広く利用されているにもかかわらず，運送品の滅失等の原因が生じた運送区間が判明した場合や，その運送区間が不明な場合に運送人がどのような責任を負うか明らかでなく，法的安定性を欠いていた。

（2）　複合運送人の責任　　改正商法は複合運送人の責任に関する次のような規定を新設した。

　ⅰ）複合運送にも陸上・海上・航空運送に共通する物品運送についての総則規定（569）の適用があることを前提に，複合運送人もそれぞれの運送区間ごとに適用されることとなる日本の法令または日本が締結した条約の規定に従い，損害賠償の責任を負う（578Ⅰ）。

　ⅱ）陸上運送のみを一の契約で引き受けた場合でも，商法の適用のあるトラック運送や鉄道営業法の適用のある鉄道運送を引き受けた場合のように，区間ごとに異なる法令が適用されることがあるので，このような場合も複合運送として

上記ⅰ）の規律を準用することにした（578Ⅱ）。もとよりこれらによる不都合があるなら，当事者間でこれと異なる合意をすればよい。

　ⅲ）複合運送において，運送品の減失等の原因が発生した運送区間が不明である場合について平成30（2018）年改正商法は規定を設けていないので，複合運送人は物品運送についての総則規定に基づく責任を負うことになる。

6　相次運送（通し運送）

（1）　**相次運送の種類**　　運送，なかでも長距離の運送は，数人の運送人が関与する場合がある。このように，同一の運送品につき数人の運送人が相次いで運送する場合をひろく相次（そうじ）運送という。これには次の4つの場合が考えられる。第1は，数人の運送人がそれぞれ独立して特定区間の運送を順次引き受ける場合であり，これを部分運送という。第2は，1人の運送人が全区間の運送を引き受け，その全部または一部について他の運送人を下請けとして使用する場合であり，これを下請運送という。第3は，数人の運送人が全区間の運送を引き受け，その内部において各自の担当区間を定める場合であり，これを同一運送という。第4は，数人の運送人が順次に各特定区間の運送を行うが，各運送人は一通の通し運送状によって運送を各自引き継いでいく場合であり，連帯運送（共同運送）という。

　以上の4つの場合について，平成30（2018）年改正商法579条にいうところの相次運送，すなわち「数人の運送人が相次いで陸上運送をするとき」とは，第4の連帯運送を指すと考えられ，古い判例では，ある運送人が荷送人より引き受けた運送を，他の運送人が荷送人のためにする意思で相次いで引き受ける場合をいい，第2の下請運送を包含しないとしている（大判明45・2・8民録18・93〔百選＜第3版＞79〕）。

（2）　**相次運送の法律関係**　　第1から第3までの相次運送の場合には一般規定によればよいが，第4の連帯運送については上記の判例の趣旨を踏まえ，ある運送人が引き受けた陸上運送について，その荷送人のために他の運送人が相次いで当該陸上運送の一部を引き受けたときは，各運送人が運送品の減失等について連帯責任を負う旨定めて明確にした（579Ⅲ）。連帯運送の場合，運送品に損害が発生しても，荷送人や荷受人は，どの運送人の過失によってその損害が発生したのか立証しがたいというのが本条の趣旨である。平成30（2018）年改正前商法579条は，陸上相次運送に関する規定で，海上相次運送にも準用されていたが，改正

商法で航空運送にも規律を及ぼすことになったので，各運送手段の規律を統一するため，陸上運送に関する相次運送の規定を海上運送および航空運送について準用している（579Ⅳ）。

Ⅲ　旅客運送

1　旅客運送契約

　旅客運送契約とは，旅客すなわち自然人の運送を目的とする契約である。したがって運送の対象が異なるだけで，その他の点は物品運送契約について述べたのと異ならない。

　旅客運送契約は，運送の対象である旅客自身と運送人との間で締結されるのが通常であるが，親が子の運送を運送人に託す場合などのように第三者と運送人との間で締結されることもある。また，旅客運送契約は請負契約の一種であり，諾成・不要式の性質をもつが，乗車券が発行されるのが通常である。ただ，乗車券が発行される場合でも，乗車券の発行は契約の成立要件ではない。

　平成30（2018）年改正商法では，旅客運送契約の基本的な内容を示す冒頭規定を設け，①運送人と相手方との合意によって成立する諾成契約であること，②運送人が旅客の運送を約し，相手方が運送賃の支払を約することによって効力が生じる双務契約であることを明記している（589）。

2　乗車券の法的性質

　乗車券には，主なものとして，個別（普通）乗車券，回数乗車券，定期乗車券の3種があり，その法的性質はその種類ごとに異なる。

　特定区間の個別的運送につき発行される個別（普通）乗車券は，無記名が通例であり，これを運送賃が表章された有価証券であると解するのが通説である。通説によると，運送契約は乗車券購入の時に成立し，引渡しにより自由に譲渡できるが，他人に譲渡されると運送賃も譲受人に移転することになる。

　回数乗車券も無記名であるのが多いが，判例は，運送賃の前払いを証明し運送賃に代用される一種の票券と解しているが（大判昭14・2・1民集18・77），回数券の購入により包括的な運送契約または予約が成立し，かかる運送契約上の債権を

表章する有価証券であると解するのが多数説である。

　定期乗車券は記名式で発行され譲渡性がないから，有価証券ではなく証拠証券にすぎないとする説が有力であるが，定期乗車券も有価証券であり，ただ譲渡性がないだけであると解する説もある。

　なお，運送人（鉄道事業者）が旅客から特別料金を徴収して特別車両（グリーン車など）を提供した場合，負担すべき運送契約の債務内容は，旅客を目的地まで安全に輸送するだけでなく，一定の付加価値を有する設備およびサービスの提供により，旅客の快適性を確保することも含むが，その認否は，運送手段の性質，運送区間，運送料金等の各運送契約の内容を勘案し，客観的にみて，一定の水準の設備，サービスが提供されているか否かにより決せられる（東京地判平17・10・4判時1944・113）。

3　旅客運送人の責任

（1）　**旅客の損害についての責任**　　旅客の運送人は，自己またはその使用人が運送に関して注意を怠らなかったことを証明しなければ，旅客が運送のために受けた損害を賠償する責任を免れることができない（590）。

　平成30（2018）年改正前商法590条2項では，旅客への損害賠償を定めるに際し，裁判所は被害者およびその家族の情況を斟酌しなければならないと定め，学説も債務不履行の損害賠償に範囲に関する民法416条2項の特則であって，当事者の予見可能性の有無を問わず，被害者保護のため被害者等の状況を斟酌しなければならないと解するのが有力であった。しかし，裁判実務では，人身損害についての損害賠償額の類型化が進められており，旅客運送についてだけ特殊な損害賠償額の算定ルールがあるという状況も認められないことなどから改正商法では削除された。

　なお，この損害賠償請求権は，旅客が死亡した場合はその相続人が相続することになる。即死の場合も同様である。

（2）　**免責特約の禁止**　　平成30（2018）年改正前商法では，海上運送の場合，船舶所有者の過失または使用人の悪意重過失による損害賠償責任に係る免責特約は無効とされていたが（改正前739），陸上運送については，そのような免責約款の制限規定はなかった。改正商法では，陸上・海上・航空運送の別を問わず，旅客の生命または身体の侵害による運送人の損害賠償責任を減免する特約は原則と

して無効である（591Ⅰ）。ただし，3つの例外がある。第1に，免責特約のうち運送の遅延を主たる原因とするもの（591Ⅰ括弧書），第2に，大規模な火災，震災その他の災害が発生し，または発生するおそれがある場合において運送を行うとき（591Ⅱ①），そして第3に，運送に伴い通常生じる振動その他の事情により生命または身体に重大な危険が及ぶおそれある者の運送を行うとき（591Ⅱ②）で，これらの場合，一律無効とはされない。もし，免責特約を認めないと，運送事業の合理的経営に支障をきたすため，事業者が運送の引受けを躊躇し，必要な運送サービスが確保されないおそれがあるからである。とはいえ，当該免責特約の内容，運送人の過失の程度，旅客に生じた損害の程度等を勘案し，民法90条や消費者契約法10条などにより無効と判断される可能性はある。

（3）　手荷物の損害についての責任　　旅客の運送人は，旅客より引渡しを受けた手荷物（受託手荷物という）については，特に運送賃を請求しないときでも，物品運送人と同一の責任を負う（592Ⅰ）。この場合には，旅客運送に付随して物品運送が行われていると考えてよいから，かかる責任が認められるのである。

物品運送人に関する規定の改正により，受託手荷物に関する旅客運送人の責任も同様に改正され，1年以内に裁判上の請求がされないと運送人の責任が消滅し，不法行為責任についても契約責任の減免規定（損害賠償額の定額化，除斥期間等）の準用により契約責任と同様に減免される。また，物品運送人の被用者の荷送人等に対する不法行為責任について，物品運送人自身の責任の減免規定と同様の減免の効果が及ぶので（588），受託手荷物に関する旅客運送人の被用者の不法行為責任についても，物品運送人の被用者と同一の責任を負い，損害賠償額の定額化や除斥期間等の規律が及ぶ（592Ⅱ）。

なお，手荷物が到達地に達してから1週間以内に旅客がその引渡しを請求しないときは，運送人はその受託手荷物を供託しまたは競売することができる（592Ⅲ）。

これに対して，旅客から引渡しを受けない手荷物（身の回り品を含む携帯手荷物）の滅失または損傷の場合は，運送人は自己またはその使用人に過失があったことを旅客が証明した場合にのみ損害賠償責任を負う（593Ⅰ）。携帯手荷物の場合は，旅客自身が手荷物を保管するのであり，手荷物は旅客運送の一部にとどまるから，運送人またはその被用者の故意・過失がある場合にのみ損害賠償責任を負うにとどまる。ただし，運送人またはその被用者の故意・過失については，旅客の側に

証明責任がある。携帯手荷物についても，受託手荷物と同様，高価品の特則（577）など性質上適当でない一部の規律を除き，物品運送人またはその被用者の責任の減免規定が準用される（593Ⅱ）。

4　運送人の債権の消滅時効

　平成30（2018）年改正前では，運送賃に係る債権は，1年の短期消滅時効に服するとされていた（民174③）。学説上は，「運送賃に係る債権」は広く運送に関して生じた債権と解され，海上旅客運送については，この種の規定があった（改正前商786Ⅰ・765）。改正商法では，陸上・海上・航空運送の別を問わず，運送契約に基づく債権について，1年の短期消滅時効に服する旨規定されている（594・586）。民法整備法では，民法上の短期消滅時効の特例の廃止がなされるが，民法整備法の施行日が改正商法の施行日より遅れるため上記のように明記された。

第8章　運送取扱営業

1　意　　義

　運送取扱とは，物品運送の取次ぎを行うことを意味し，自己の名をもって物品運送の取次ぎをなすことを業とする者を運送取扱人という（559Ⅰ）。運送取扱人は，自己の名をもって委託者の計算において運送人と物品運送契約を締結することを引き受ける者である。物品運送の取次ぎであれば，海陸空を問わないし，またこれらを複合した運送の取次ぎでもかまわない。商法は，自己の名をもって他人の計算において法律行為をすることを引き受ける行為（＝取次ぎ）を営業的商行為としている（502⑪）ので，運送取扱人は取次商である。

　運送取扱人は，交通機関の発達や複雑化に伴い荷主の代わりに運送人・運送方法の選択や荷造・積替等の業務を適確かつ迅速に行うことを目的として発達した専門的な営業の一種であるが，沿革的には問屋から分化したものとされている。運送取扱人は，取次商である点で問屋と同じであるが，運送取扱営業の取引対象が物品運送契約であるのに対し，問屋営業の取引対象が物品の売買契約である点で異なっている。そのため，商法は，問屋営業に関する規定（551）を運送取扱営業に一般的に準用している（559Ⅱ）。

　運送営業の規定の改正に伴い，運送取扱営業についても，物品運送に関する規定の重要により，一部改正がなされている。なお，運送取扱人はフレートフォワーダー（Freight Forwarder）とか通運事業者とか呼ばれるが，単に物品運送の取次ぎのみならず代理，媒介なども行うのが通常であるから，立法論としては運送取扱人を物品運送の取次ぎ，代理または媒介をなすを業とする者として改めるのが妥当である（商法改正要綱212）。

2　運送取扱人の責任
（1）　債務不履行責任　　運送取扱人は，委託者との間で運送取扱契約を締結

するが，この運送取扱契約は委任の一種であるから，運送取扱人は善良なる管理者の注意をもって自らの義務を履行しなければならず，運送取扱契約上の債務に違反して委託者に損害を与えた場合には，債務不履行による損害賠償責任を負う。商法560条は，運送取扱人は自己またはその使用人が運送品の受取，引渡し，保管，運送人または他の運送取扱人の選択その他運送に関する注意を怠らなかったことを証明するのでなければ，運送品の滅失，損傷または延着について損害賠償責任を免れることができない旨規定する。同規定をもって通説は，民法の債務不履行責任原則を具体的に規定した注意規定にすぎないとして，本条に特別の意味を認めていない。

損害賠償額について特別の規定はなく，一般原則による。免責約款も，公序良俗や信義則に反しない限り認められる。また，高価品については，運送人の場合と同様，委託者の明告がなければ責任を負うことはない（564・577）。

（2）　**不法行為責任**　　運送人の不法行為責任の場合と同様に，運送取扱契約においても債務不履行責任と不法行為責任との請求権競合の問題が生じる。

（3）　**責任の消滅**　　運送品の滅失等についての運送取扱人の損害賠償責任は，1 年以内に裁判上の請求がされないときは消滅する（564・585Ⅰ）。運送取扱人またはその被用者の委託者等に対する不法行為責任について，運送取扱人の責任の減免規定と同様の減免効果を及ぼす（564・587・588）。

3　運送取扱人の権利

（1）　**報酬請求権**　　運送取扱人は，運送契約が成立し運送品を運送人に引き渡したときは，運送の終了をまたずに直ちに報酬を請求することができる（561Ⅰ）。ただし，運送取扱契約において運送賃の額が定められたときには，特約がなければ報酬を請求することができない。この場合には，運送取扱人の報酬を含めて運送賃が決定されているからである。

（2）　**費用償還請求権**　　運送取扱人は，運送契約により運送人に支払った運送賃その他の費用を委託者に請求することができる（559Ⅱ・552Ⅱ，民650Ⅱ）。

（3）　**留置権**　　運送品に関して受け取るべき報酬，付随の費用および運送賃その他の立替金についてのみ，その運送品を留置できる（562）。

（4）　**介入権**　　運送取扱人は反対の特約がない限り，第三者と運送契約を結

ばずに自ら運送を引き受けることができる。この権利を介入権という。介入権が行使されると運送取扱人は委託者に対し運送人と同一の権利義務をもつ（563Ⅰ）。介入の方法は，委託者に対して介入をなす旨の意思表示を明示または黙示になせばよいが，運送取扱人が委託者の請求により船荷証券または複合運送証券を作成したときは介入が擬制される（563Ⅱ）。

（5） 短期消滅時効　運送取扱契約に基づく運送取扱人の委託者または荷受人に対する債権は１年の消滅時効にかかる（564・586）。

4　危険物についての委託者の通知義務

平成30（2018）年改正商法は，運送営業について，危険物の適切な取扱いによる運送の安全確保のため，危険物に関する荷送人の通知義務を課している（572）。運送取扱人が委託者のために運送契約を締結する場合には，危険物に関する情報は委託者が保有しているため，委託者から運送取扱人を介して運送人にその情報を伝達し，危険物による事故を防ぐ必要がある。そこで，改正商法は運送営業における危険物に関する通知義務の規定を運送取扱営業に準用し，委託者は運送品が危険物であるときはその引渡し前に運送取扱人に対し，危険物に関する情報を通知しなければならないとされている（564・572）。

5　荷受人の地位

運送取扱契約の当事者は運送取扱人と委託者であるが，商法は，空間的障害の超克を特質とする運送と同様のものが運送取扱の場合にも認められることに着目し，運送取扱契約の場合の運送品受取人には運送契約の場合の荷受人と運送人間における同様の関係が生ずるものとした。すなわち，運送品が到達地に達した時点から，運送取扱人は委託者に対する義務と同一の義務を運送品の受取人に対しても負担することになり，受取人は委託者が有する一切の契約上の権利を行使できる（564・581）。また，運送品の受取人が運送品を受け取った場合には，受取人は運送取扱人に対し運送賃その他の費用を支払う義務を有する（564・581）。

6　相次運送取扱

相次運送取扱とは，中継運送を必要とする場合や到達地で運送品を受け取り，

引き渡す場合に，第1の運送取扱人が委託者と第1の運送取扱契約を締結するとともに，第2以下の各運送（または到達地における運送品の受取・保管・引渡し）につき自己の名をもって委託者の計算において第2以下の運送取扱人（中間運送取扱人という）と第2以下の運送取扱契約を締結する場合である。

相次運送取扱の場合は，物品運送における相次運送人の権利義務の規定が準用されている。中間運送取扱人は自己の直接の前者を委託者とする運送取扱契約を締結するから，自己の前者（自己に対する委託者たる運送取扱人）に代わって報酬・費用等の請求権を行使する義務を負う。後者が前者に弁済したときは，後者は前者の権利を法律上当然に承継取得し，同様に，運送人に弁済したときは運送人の権利を当然に取得する（564・579）。

第❾章　倉庫営業

1　意　　義

　倉庫営業は，大量の商品取引が日々行われるわれわれの経済社会生活において運送営業とともに不可欠の物流の担い手である。商人は，自分で倉庫を建設して自ら商品を保管するよりも，倉庫を利用し倉庫営業者に物品の保管をゆだねたほうが，はるかに安全でコストも安くつくことが多い。また，倉荷証券を発行して

コラム 30　トランクルームサービスの普及と標準約款

　宅配便・引越輸送などのサービスと同様，主として一般消費者を対象とするトランクルームサービスは近年急速に成長してきた物流サービスの1つで，行政庁は，消費者保護の見地から，約款の内容の適正さの確保，約款の認可に伴う行政手続の簡素化を図るため，事業者が使用する約款について，約款に記載すべき事項の標準的な内容を標準約款として定めて公示している。このような物流サービスについて従来適用されてきた標準倉庫寄託約款や標準貨物運送約款は，企業間の取引を前提として制定されたもので，生じたトラブルに対し，必ずしも消費者保護の観点から適切な解決が得られないという問題があった。そこで，利用者の保護を図るため，これらの物流サービスについて標準約款が制定され，昭和61（1986）年5月（平成19〔2007〕年9月改正）からトランクルームサービスについて実施されている。これにより，事業者の責任やサービス内容の明確化が図られ，利用者はこれらの物流サービスを安心して利用できるようになった。

　標準トランクルームサービス約款によると，①倉庫業者による契約解除理由を明確化し（11条），倉庫業者の恣意による解除を排除する，②火災保険付保の規定があり（26〜28条），火災による損害のほか，(i)漏水，放水，溢水，(ii)倉庫業者またはその使用人の過失による既存，(iii)ネズミ食い，(iv)盗難による損害についても火災保険で塡補する，③倉庫業者は自らの無過失を立証しない限り，寄託物の損害について責任を負う（30条），④実損があった場合，寄託価格を限度として賠償する（33条），など寄託者に有利な内容になっている（もっとも，平成19〔2007〕年改正は，引取りを拒まれた寄託物の処分が可能となる期間を催告の日から3か月〔従前は1年〕に短縮している）。宅配便や引越運送についても，平成2（1990）年11月（平成15〔2003〕年3月改正）に，それぞれ標準宅配便運送約款と，標準引越運送約款（直近ではさらに平成30〔2018〕年6月改正）が制定・実施され，利用者の保護を図っている。

もらい，商品を倉庫に保管したままでそれらの譲渡や担保化の利益を容易に受けることもできる。

物品の保管は，われわれの社会生活ではさまざまな形で行われているが，そのすべてが商法の対象となるのではない。商法が対象とするのは，他人のために物品を倉庫に保管することを業とする者，すなわち倉庫営業者（599）の取引である。したがって，物品の保管が本来の業務に当然包含される場合（運送人等）や，倉庫寄託を業としない者が物品の寄託を受けても，倉庫営業に関する商法の規定は適用されない。

倉庫営業はその公共性から倉庫業法（昭和31法律121）による規制がなされており，倉庫業を営む者は，国土交通大臣の行う登録を受けなければならない（同法3）。

2　倉庫寄託契約

倉庫寄託契約とは，倉庫営業者が寄託者のために物品を倉庫に保管することを約する契約である。倉庫寄託契約は，民法上の寄託契約（民657以下）の一種であるから，倉庫営業者の権利義務については寄託に関する民商法の一般規定の適用があり，民法の寄託に関する規定の適用を前提として商法に若干の特別規定がおかれている。ただ，民法上の寄託契約は従前，要物契約と解されていたため，民法の寄託契約と同様に倉庫寄託契約も要物契約としてよいかどうかが問題となった。

従来の学説は，倉庫寄託契約は要物契約であると解してきた。民法上の寄託契約は要物契約であり，倉庫寄託契約も民法上の寄託契約の一種であるが，商法に諾成契約とする旨の規定はないから，倉庫寄託契約は要物契約であると考えられた。要物契約説によると，物品の引渡しは契約成立の要件であり，保管の合意時から物品の引渡し時までの法律関係は寄託の予約とされることになり，倉庫営業者の物品引渡請求権の根拠はこの寄託の予約に基づくものということになる。

これに対し，通説は，倉庫寄託契約を諾成契約と解していた。すなわち，倉庫寄託契約の寄託の引受けは，寄託物（受寄者からすれば受寄物であるが，改正後の商法条文と同様，統一的に「寄託物」とする）の引渡し前から存在しうる行為であるから，寄託物の引渡しは契約成立の要件ではなく諾成契約であるとする。諾成契約

説によると，物品の引渡しは契約成立の要件ではなく，倉庫営業者の物品引渡請求権の根拠は，このような寄託の引受け，つまり倉庫寄託契約に基づくものとされることになる。

そして，このような従来の議論を前提として，民法の寄託契約自体を諾成契約とする改正が行われた（民657）。倉庫寄託契約も，したがって諾成契約である。

なお，商法は，倉庫寄託契約の締結の方式につき，何らの方式を要求していないから，倉庫寄託契約は不要式契約であると解してよい。

3　倉庫営業者の義務

（1）　保管義務　　倉庫営業者は，善良なる管理者の注意をもって，当該物品に適した倉庫で寄託物の保存・管理をなす義務を負う（595，民658）。倉庫寄託契約に，寄託に関する民商法の一般規定の適用があることについては前述した通りである。ちなみに，民法では無報酬の受寄者は自己の財産に対するのと同一の注意義務（民659）とされるが，商法上は無報酬でも善管注意義務が課される（595）。

保管期間については，民法の一般規定によると，保管期間の定めがあるときは，やむを得ない事情がある場合を除いて，倉庫営業者は寄託物の引取りを寄託者に対して請求することはできない（民663Ⅱ）。これに対し保管期間の定めがないときは，受寄者はいつでも寄託物を返還することができる（民663Ⅰ）。ところが商法は従来の慣行に従い特に寄託者の保護を図るため，次のような特則を設けた。すなわち，保管期間の定めがないときでも，倉庫営業者は，やむを得ない事情のある場合を除き，寄託物の入庫の日から6か月を経過した後でなければ寄託物を返還することができない（612）。

保管場所については，寄託者の承諾を得るかまたはやむを得ない事由があるときでなければ，第三者（再受寄者）に保管させることはできない（民658Ⅱ）。再受寄者は，寄託者に対してその権限の範囲内で受寄者と同一の権利義務がある（民658Ⅲ）。受寄者自身も，正当な事由なく保管場所を変更することはできない（民664但書参照）。

また，倉庫業法14条では，発券倉庫業者の付保義務につき定める。これは，倉荷証券の発行許可を得ている発券倉庫業者（反対にいえば，倉荷証券を発行するためにはその許可が必要である）は，寄託者が反対の意思を表示したときまたは国土交

通省令に別段の定め（主として倉庫業法施規11）がある場合を除き，受寄物を火災保険に付す義務があることを定める。

（2）　**倉荷証券交付義務**　倉庫営業者は，寄託者の請求により，寄託物についての倉荷証券を交付することを要する（600）。前述の通り倉庫営業者は許可がないと倉荷証券を発行することができないが，商法の規定する寄託者の請求に応えるためには，倉庫業法上の許可を得ることが必要になる。

倉荷証券を発行した倉庫営業者は，倉荷証券にかかる帳簿作成義務を負う（602）。

倉荷証券所持人には，寄託物の分割と，その各部分に対する倉荷証券発行請求権がある。その際，所持人は，所持する倉荷証券を倉庫営業者に返還するとともに，費用を負担しなければならない（603）。

倉荷証券を質権の目的とした場合は，質権者の承諾があるときは，寄託者は当該質権の被担保債権の弁済期前でも，寄託物の一部の返還を請求することができる。倉庫営業者はこれに応じ，返還した寄託物の種類等を倉荷証券および帳簿に記載する義務を負う。

（3）　**寄託物点検等協力義務**　寄託者または倉荷証券の所持人は，倉庫営業者の営業時間内は，いつでも寄託物の点検もしくはその見本の提供を求めまたは保存に必要な処分をすることができる（609）。

（4）　**寄託物返還義務**　先述（1）参照。なお，倉荷証券が発行されている場合は，その証券所持人の請求により，その所持人に対してのみ寄託物を返還する義務を負い，その証券と引き換えでなければ寄託物の返還に応じる義務はない（613）。

（5）　**損害賠償義務**　倉庫営業者は，寄託物の保管に関し注意を怠らなかったことを証明しなければ，その滅失または損傷（平成30〔2018〕年改正前商法617条においては，条文上「毀損」という語を用いていたが，意味に違いはない）について損害賠償責任を免れることができない（610）。改正後商法610条は，無過失についての立証責任が倉庫営業者にあることを定めるが，その意義については，運送人の責任（575）の場合と同様に，民法の債務不履行による損害賠償責任に関する一般原則と異ならないとするのが現在の通説的見解である。改正前商法617条が，「自己又ハ其使用人」と規定しているところ，改正後610条では使用人が削除され

ていることに大差はない（民法における使用者責任〔民715〕参照）。

　運送人の場合のような特則（573）はないので，損害賠償の場合の範囲についても，民法の債務不履行責任に関する一般原則により処理されることになる。もっとも，実務上は一定の免責特約を付すのが一般的である。

（6）**倉庫営業者の責任**　運送人の場合（584）と類似の責任消滅事由が定められている（616）。また，倉庫営業者に悪意があった場合を除いて，寄託物の滅失・損傷により生じた責任は，出庫の日（寄託物の全部滅失の場合には，出庫の日がないから，倉庫営業者が証券所持人ないし寄託者に滅失の通知を発した日）から1年を経過したときは時効により消滅する（617）。

4　倉庫営業者の権利

（1）**保管料等請求権**　ⅰ）倉庫営業者の保管料および費用請求権　倉庫営業者は，特に無償寄託の引受けをした場合でなければ，相当の保管料および立替金その他受寄物に関する費用を請求することができる（512）。保管料等の支払いを請求しうる時期は，寄託物の出庫の時以降であるが（611），法定または約定の保管期間が満了した後は，直ちに保管料を請求することができる。また，法定または約定の保管期間経過前に倉庫寄託契約が終了した場合（民665・648Ⅲ），および一部出庫の場合には，その割合に応じた保管料（割合保管料）を請求することができる（611但書）。

　ⅱ）倉荷証券発行の場合の保管料支払義務者　倉荷証券が発行されていない場合は，倉庫寄託契約の債務者である寄託者が保管料の支払義務者であることに問題はない。これに対して，倉荷証券が発行された場合には，寄託者と寄託物引渡請求権者とが異なることになるが，商法には保管料支払義務者が誰であるのかについて特別の規定はないので，どちらが保管料を支払う義務を負うのかが問題になる。

　倉荷証券が発行された場合における保管料の支払義務者を，倉荷証券の所持人と解するのが判例や学説の多数であるが，その理論構成は異なる。

　第1は，物品運送における商法581条3項の趣旨を類推適用して倉荷証券の所持人に保管料を支払う義務を負わせる考え方である。この考え方は，寄託者と証券所持人との人格の融合にその根拠を求める。第2は，証券の所持人，すなわち

倉荷証券の所持人は，証券記載の文言に従って保管料等の支払いをする意思をもって証券を取得するのが通常であり，そこに債務引受があるとする考え方である（債務引受説）。判例および多数説は，この債務引受説の立場に立つ（最判昭32・2・19民集11・2・295〔百選107〕）。なお，商法581条3項のような規定が倉庫営業については存しないことから反対解釈として，また，保管料等は寄託契約から生じるものであるから，支払義務者は寄託者自身であるとの見解もある。ただ，倉庫営業者の有する留置権・先取特権により，この見解からも，証券所持人は，事実上支払いを余儀なくされる。

（2）留置権および先取特権　寄託者または倉荷証券所持人が寄託物の受領を拒絶しまたは受領できない場合，倉庫営業者の債権については特別の留置権は認められていないから，民商法の一般規定による留置権（521，民295）および動産保存の先取特権（民320）がある。

（3）供託権および競売権　倉庫営業者は，保管期間が終了した場合には，寄託物を引き渡す権利があるので，その際に引き取られない寄託物について供託権および競売権が認められる（615・524ⅠⅡ）。

（4）損害賠償請求権　寄託物返還義務（前述**3**（1）（4））に関連して，寄託者が保管期間の定めにかかわらず返還を請求した場合に，そのことによって受寄者（倉庫営業者）に損害が発生したときは，寄託者に対して賠償請求できる（民662Ⅱ）。

5　倉荷証券

（1）意　義　倉庫営業者に対する寄託物返還請求権を表章する有価証券を倉荷証券という。従前の商法は，「預証券および質入証券」と「倉荷証券」をあわせて倉庫証券として規定していたが，前者はほとんど利用されず，平成30（2018）年改正により，前者を廃止した。

倉荷証券が認められるのは，倉庫に寄託されている物品の売買・担保等の処分を証券により可能にするためである。この点，運送中の物品について船荷証券等の運送証券が発行されるのと同じ機能をもち，倉荷証券と運送証券は，基本的に同一の性質および効果をもつことになる。したがって，倉荷証券は，法律上当然の指図証券（606）であり，要因・要式証券（601）であり，受戻証券（605）であ

る。また，倉荷証券の効果として，債権的効力（604）および物権的効力（605・607・613）が認められる。前者は証券記載の文言が当事者間の合意事項であるということを，作成義務者である倉庫営業者に対し，「倉荷証券の記載が事実と異なることをもって善意の所持人に対抗」できないという形で定めたものであり，後者は，寄託物の物権変動が倉荷証券の処分とともに生じるということである。

　なお，最判昭44・4・15民集23・4・755〔百選106〕は，倉荷証券上の「受寄物の内容を検査することが不適当なものについては，その種類，品質および数量を記載しても当会社はその責に任じない」との免責約款は，寄託物の内容と表面記載とに違い（「緑茶」と記載があるのに無価値な茶袋しか入っていないような，記載よりも低価値な物が封入されているごとき）があるとき，検査が容易でなくまたは検査によって価値の低下を引き起こすことが一般取引通念に照らして明らかな場合には，効力を有する旨判示する。

　指図証券である有価証券については，公示催告・除権決定の手続を経て，無効とすることができる（民520の11）。倉荷証券についてもそのような手続を経たうえで，相当の担保を提供すれば，再交付を請求することができる（608）。

　ちなみに倉庫証券としていかなる証券を認めるかについては，①倉庫寄託中の物品の譲渡および質入れともすべて1枚の証券により行う単券主義，②倉庫寄託中の物品の譲渡および質入れのために，「預証券および質入証券」という2枚の証券を発行する複券主義，③単券主義と複券主義との両者を併用し，いずれを利用するかを選択させる併用主義の3つに分かれ，わが国の商法は，従前の併用主義を改め，先述の通り預証券と質入証券はほとんど用いられていないことからこれを廃止し，単券主義を採用することとした。

　しかしなお，実務界では倉荷証券もあまり利用されず，代わりに荷渡指図書（Delivery Order＝D/O，荷渡依頼書，出荷指図書などとも呼ばれる）が寄託物の引渡しを指図するために利用されることが多い。これは発行者（寄託者）が受寄者である倉庫営業者など物品保管者に対して，保管する物品の全部または一部を，その証券の正当な所持人に引き渡すことを委託する趣旨の証券であって，荷渡指図書による指図は，いつでも電話や口頭で取り消し，撤回できるから，倉荷証券とは異なり，物権的効力はなく，その交付に占有移転を指図する効力はないと解されている（最判昭48・3・29裁判集民事108・533〔百選〈初版〉73〕）。この証券は，慣

習によって成立したものであり，その法的性質をめぐっては諸説ある。

6 荷渡指図書の法的性質

荷渡指図書には，①倉庫営業者（営業所など）から，その倉庫に対して物品の引渡しを指図する自己宛のもの，および②寄託者が，倉庫営業者に，第三者に対する物品の引渡しを指図するものとがある。通常，取引に用いられる荷渡指図書は②の形式のものであるが，各業界において慣習的に用いられているものであり，この法的性質については古くから議論がなされている。端的にいえば，荷渡指図書が引渡請求権を表章する有価証券として，その移転に伴い保管品の所有（占有）が移転したこととなるか，という点である。とりわけ①に有価証券性を肯定する学説が多いようであるが，いずれにせよ有価証券には厳格な権利義務が伴いその結果有価証券法定主義がとられているのであるから，有価証券とはいえない。結果として最高裁昭和48年判決のように，原則として，物権的効力は発生しないと考えるのが妥当である。

もっとも，買主が荷渡指図書を呈示し，それに基づいて保管者が物品を引き渡せば，免責証券としての機能を果たすことは，ほぼ異論はない。免責証券性がなければ，荷渡指図書が実務的に利用されることはないであろう。

では，例えば，AがBに物品を売却し，Bに物品を引き渡す旨の荷渡指図書を作成しBに交付，続いてBがCに転売して同様に荷渡指図書を作成し先の荷渡指図書と2通，Cに交付した。Cが物品保管者（倉庫営業者）の甲に2通を呈示し物品を受け取る前に，実はAB間の売買契約が解除されていたという場合に，荷渡指図書にどういった法的効果が生じるのか。実務上業界ごとの慣行も関係し，一概にはいえないが，裁判例にはCの善意取得を認める場合と認めない場合がある（否定した例として前掲最高裁昭和48年判決，肯定した例として最判昭57・9・7民集36・8・1527〔百選56〕）。

第10章 場屋営業

1 意義

　場屋取引とは、旅店・飲食店・浴場・劇場・ボーリング場など、客の来集を目的とする場屋の取引（502⑦）を営業とする補助商である。場屋の取引はその種類が極めて多く、営業として行われる取引の内容は種々異なり、取引全般について一般的な規定をおくのは技術的に困難であるため、商法は、場屋取引に関し、旅店、飲食店、浴場を例示する（596Ⅰ）のみで場屋取引の定義を設けていない。ただ、古い判例（大判昭12・11・26民集16・1681）であるが、理髪業が場屋営業に該当するか否かという論点について、その設備は客に利用させるものではなく理髪業者が理髪なる請負または労務契約の履行のために用いる業務上の設備であるとし、場屋営業には該当しないとする。

　場屋取引は、したがって明文の定義はないものの、公衆の来集に適する物的・人的設備をなし、多数の客がこれを利用すべく出入りし、客がある程度の時間その場所に滞留するものであり、その間における客の荷物の安全のために場屋取引営業者に対していかなる責任を課すのが適当かという問題は種々の場屋の取引全般に共通して存在する。そこで、商法は、場屋内での客の荷物の滅失・損傷（平成30〔2018〕年改正前商法の「毀損」と意味に違いはない）についての場屋営業者の責任についてのみ規定することにした（596～598）。

　なお、場屋取引については、旅館業法、食品衛生法、公衆浴場法などの行政的な規制を目的とする法律によって許可営業とされている。

2 場屋営業者の責任

　（1）**客から寄託を受けた荷物に関する責任**　場屋営業者は、客から寄託を受けた物品の滅失・損傷については、それが不可抗力によったことを証明しなければ損害賠償責任を免れることができない（596Ⅰ）。一般に、商人が営業の範囲

内において寄託を受けた時は報酬の有無にかかわらず善管注意義務を負い（595），過失があった場合にのみ商人は責任を負うが，本条では，客から寄託を受けた以上不可抗力によるものであることを証明しなければ免責されないという点で，場屋営業者の責任が強化されている。このような場屋営業者の重い責任は，盗難の危険が多かったローマ時代に客の荷物の安全を図るために認められたいわゆるレセプツム責任，すなわち海上および陸上の運送人や旅館の主人は，受け取った運送品や客の携帯品につき，その受領（receptum）という事実のみによって法律上当然に負うとされた結果責任を継受したものである。

　本条の「不可抗力」の意義については，特定事業の外部から生じた出来事で，通常必要と認められる予防方法を尽くしても防止することができない危害の意味と解するのが通説である。

　また，「客」とは，場屋取引における設備の利用者のことであるが，客観的にみて設備を利用する意思で場屋に入ったと認められる場合であれば（例えばレストランを利用するつもりでホテルのロビーに入った場合），利用契約が成立したかどうか，現実に設備を利用したかどうかを問わず，客と認められる。

　（2）　客から寄託を受けない荷物に関する責任　　客が特に寄託しないで場屋内に携帯した物品についても，場屋営業者の不注意（善管注意義務違反＝過失のことであるとされる）によって滅失または損傷したときには，場屋営業者は損害賠償責任を負う（596Ⅱ）。改正前商法594条2項には「場屋ノ主人又ハ使用人ノ不注意」という文言が条文にあったが，雇用関係の有無を問わず，事実上使用する者であれば家族の過失についても場屋営業者はこの責任を負うというのが判例の立場である（大判昭3・6・13新聞2864・6）。場屋の主人には使用者責任（民715）が発生するのであり，使用人という文言がなくなったとしても，免責されないと解される。

　客が寄託していなければ，荷物について寄託契約は成立していないので，場屋営業者に対して契約責任を追及することは本来できないし，また不法行為責任も当然に生じるものではない。しかし，場屋営業者と客との間の特殊な関係が存在するため，法は特別に本条の責任を場屋営業者に課したのである。この場合，場屋営業者側の過失の立証責任は客が負うことになる。

　（3）　高価品に関する責任　　貨幣・有価証券その他の高価品については，客がその種類および価額を明告して場屋営業者に寄託するのでなければ，場屋営業

者はその物品の滅失・損傷についての損害賠償責任を負わない (597)。価額を明告させる趣旨や高価品であることの明告はなかったが高価品であることを場屋営業者が知っていた場合，高価品の種類および価額の明告がなくても場屋営業者またはその使用人が故意に損害を生じさせた場合の責任については，運送人の責任について規定した商法577条と同様に考えればよい。

　場屋営業者の不法行為についても本条が適用されるかが問題となる。商法597条の趣旨は，同条所定の場合に場屋の主人は債務不履行に基づく損害賠償責任を負担しない旨を規定したにすぎないとして，不法行為責任について同条の適用を否定し，不法行為による損害賠償責任を負うことはありうるとした判例がある（大判昭17・6・29新聞4787・13）。ホテル従業員の重過失で明告のなかった高価品が盗難にあい，ホテルの不法行為責任が問われた事件で，原審（大阪高判平13・4・11判時1753・142〔百選＜第4版＞109〕）は，商法597条は，債務不履行についてのみならず不法行為にも類推適用されると解し，場屋営業者に重過失がある場合にも免責されるとした。その一方で，この上告審は，宿泊客の携行品等のうちフロントに預けなかった物については，あらかじめ種類および価格の明告がない限りホテル側が負担すべき損害賠償額の上限を15万円とする約款は，ホテル側に故意または重過失がある場合には適用されないとしている（最判平15・2・28判時1829・151〔百選108〕）。この場合，ホテル側の重過失が認められたとしても宿泊客が携行品等の種類・価額の明告をしなかったことに過失があれば，過失相殺により利害調整されることになると解される。

　（4）　**責任減免の特約**　　商法596条の規定は強行規定ではないので，場屋営業者の責任を免除，または制限する特約を当事者間で結ぶことはできる。ただし，客の携帯品について責任を負わない旨を場内に貼り出すなどして場屋の主人が一方的に告示しただけでは，責任を免れないものとしている（596Ⅲ）。

　（5）　**責任の短期消滅時効**　　場屋の主人の責任は，同人が寄託物を返還し，または客が携帯品を持ち去った後1年を経過したときは時効により消滅する（598Ⅰ）。この1年の期間は，物品の全部滅失の場合には客が場屋を去った時から起算されるが，場屋の主人に滅失または損傷につき悪意があった場合には，1年の消滅時効は適用されない（598Ⅱ）。ここにいう悪意とは運送人の場合（584Ⅱ）と同様に解される。

事項・人名索引

あ　行

ある種類または特定の事項の委任を受けた使用人
　………………………………………………… 94
一方的商行為 ………………………………… 115
ヴィーラント，カール（K. Wieland）……… 3
運　送 ………………………………………… 111
　――状 ……………………………………… 168
運送取扱営業 …………………………… 164, 180
運送取扱人 …………………………………… 113
　――の責任 ………………………………… 180
運送人の責任 ………………………………… 169
運送人の責任の消滅 ………………………… 171
運送人の損害賠償額 ………………………… 169
営業監視権 ……………………………… 142, 143
営業財産移転義務 …………………………… 66
営業者 …………………………………… 141-146
営業所 …………………………………… 34, 134
営業譲渡 ……………………………………… 63
営業的商行為 …………………………… 27, 108, 110
営業能力 ……………………………………… 31
営利主義 ………………………………… 14, 106
送り状 ………………………………………… 167
オーストリア ………………………………… 11

か　行

外観主義 ……………………………………… 15
開業準備行為 …………………………… 29, 114
会計慣行 ……………………………………… 76
会計帳簿 ……………………………………… 79
海上運送 ……………………………………… 111
介入義務 ……………………………………… 152
介入権 …………………………………… 162, 181
瑕疵通知義務 ………………………………… 132
割賦販売法 ……………………………… 6, 127
株主総会の特別決議 ………………………… 65
貨物引換証 …………………………………… 168

企業会計原則 ………………………………… 77
企業法典 ……………………………………… 11
危険物 …………………………………… 168, 182
　――に関する通知義務 …………………… 168
擬制商人 ………………………… 5, 26, 108, 115
寄　託 ………………………………………… 113
基本的商行為 …………………………… 27, 108
客観的意義の営業 …………………………… 33
給付受領権限 ………………………………… 154
教会法 ………………………………………… 10
競業禁止義務 …………………………… 97, 101
競業避止義務 …………………………… 66, 144
供託義務 ……………………………………… 133
供託権 …………………………………… 128, 129
業務執行義務 ………………………………… 143
ギルド ………………………………………… 10
銀行取引 ……………………………………… 112
金銭債権 ……………………………………… 83
金融商品取引法 ……………………………… 127
金融商品の販売等に関する法律 …………… 127
倉荷証券 ………………………………… 187, 189
計算書類 ……………………………………… 81
形式的意義の商法 …………………………… 3
契約自由主義 ………………………………… 106
結約書交付義務 ……………………………… 150
原価主義 ……………………………………… 82
減価償却 ……………………………………… 83
検索の抗弁 …………………………………… 119
顕名主義 ……………………………………… 117
高価品 ………………………………………… 171
　――の特則 ………………………………… 170
航空運送 ………………………………… 111, 165, 166
交互計算 ………………………………… 136, 137
　――期間 …………………………………… 140
　――契約 …………………………………… 140
　――不可分の原則 …………………… 137, 138
　古典的―― ………………………………… 138

公示主義 …………………………………… 15
国際運送ルール ………………………………… 166
国内運送ルール ………………………………… 166
湖川港湾 ………………………………………… 166
固定資産 ………………………………………… 83
固有の商人 …………………………… 28, 108, 114
ゴルトシュミット, レヴィン (L. Goldschmidt) …2
コンメンダ契約 ………………………………… 146

さ 行

催告 ……………………………………………… 140
　——の抗弁 …………………………………… 119
財務諸表 …………………………………… 76, 81
詐害的な営業譲渡 ……………………………… 70
作業の請負 ……………………………………… 111
指値遵守義務 …………………………………… 160
時価主義 ………………………………………… 82
事業 ……………………………………………… 63
下請運送 ………………………………………… 175
実行購買 ………………………………………… 109
実行売却 ………………………………………… 108
実質的意義の(における)商法 ……………… 2, 3
実証説 …………………………………………… 3
自動執行条約 …………………………………… 165
支配人 ……………………………………… 87, 102
　——の義務 ……………………………………… 91
　——の代理権 ………………………………… 90
自由業 …………………………………………… 4
自由主義 ………………………………………… 14
集団投資スキーム ……………………………… 146
主観的意義の営業 ……………………………… 32
受託手荷物 ……………………………………… 178
出資請求権 ……………………………………… 143
受領物保管義務 ………………………………… 122
準問屋 ……………………………………… 113, 163
場屋取引 …………………………………… 112, 192
商慣習 …………………………………………… 18
商業証券 ………………………………………… 109
商業使用人 ………………………………… 86, 100
商業帳簿 ………………………………………… 73
商業登記 ………………………………………… 35
消極的公示力 …………………………………… 40

商号 ……………………………………… 46, 144
　——権 ………………………………………… 53
　——使用権 …………………………………… 53
　——選定の自由 ……………………………… 49
　——専用権 …………………………………… 53
　——続用 ……………………………………… 68
　——の譲渡 …………………………………… 56
　　——の登記 ………………………………… 57
　——の相続 …………………………………… 57
　——の登記 …………………………………… 52
　——の廃止 …………………………………… 57
商号単一の原則 ………………………………… 52
商行為 …………………………………………… 127
　——の委任 …………………………………… 118
　——の代理 …………………………………… 117
商行為法主義 ……………………………… 8, 108
商事寄託 ………………………………………… 123
商事自治法 ……………………………………… 19
商事売買 ………………………………………… 127
乗車券 …………………………………………… 176
商事留置権 ……………………………………… 124
譲渡人の残存債権者 …………………………… 68
譲渡人の残存債務者 …………………………… 71
商人 …………………… 127, 128, 130, 131, 133, 136, 137
　——間の留置権 ……………………………… 124
商人法主義 (主観主義) …………………… 8, 108
消費者 …………………………………………… 127
　——被害 ……………………………………… 146
消費者基本法 …………………………………… 6
消費者契約法 …………………………………… 127
消費者保護法 ……………………………… 6, 127
商法典 …………………………………………… 2
迅速主義 …………………………………… 15, 106
信託 ……………………………………………… 113
進歩的傾向 ……………………………………… 16
請求権競合説 …………………………………… 172
制定法優先主義 ………………………………… 23
世界的傾向 ……………………………………… 17
積極的公示力 ……………………………… 41, 42
絶対的商行為 …………………………………… 108
絶対的定期行為 …………………………… 129, 130
絶対的登記事項 …………………………… 37, 89

事項・人名索引　197

折衷主義 …………………………… 8
善管注意義務 …………… 144-146, 149, 160
1999年モントリオール条約 ………… 165, 166
善良なる管理者の注意義務 → 善管注意義務
倉庫営業 …………………………… 184
倉庫寄託契約 ……………………… 185
相次運送 …………………………… 175
　　──取扱 ……………………… 182
相対的商行為 ……………………… 108
相対的定期行為 …………………… 130, 131
相対的登記事項 …………………… 37
双方的商行為 ……………………… 115
損害賠償 …………………………… 131, 132
　　──額の定額化 ……………… 172, 178
損失分担義務 ……………………… 143

た　行

貸借対照表 ………………… 79, 142, 143
代理商 ……………………………… 86, 96
託送手荷物 ………………………… 169
宅地建物取引業者 ………………… 123
諾否通知義務 ……………………… 121
田中耕太郎 ………………………… 3
段階的交互計算 …………………… 136, 137
短期消滅時効 ……………………… 179, 182
担保付債券 ………………………… 137
通知義務 …………………………… 131-133, 161
低価主義 …………………………… 82
定期売買 …………………………… 129-131
定型主義 …………………………… 106
締約代理商 ………………………… 98, 113
ディーラー業務 …………………… 109
手形小切手 ………………………… 4
手荷物の損害 ……………………… 178
ドイツ旧商法(ADHGB) …………… 8
ドイツ商法学 ……………………… 2
ドイツ新商法(HGB) ……………… 8
問　屋 ……………………………… 113, 155
同一運送 …………………………… 175
統一商法典 ………………………… 11
登記・供託オンラインシステム …… 38, 39
登記官 ……………………………… 39

投機購買 …………………………… 108, 127
登記事項証明書 …………………… 39
投機貸借 …………………………… 110
投機売却 …………………………… 109, 127
謄本交付義務 ……………………… 151
通し運送 …………………………… 175
独占禁止法 ………………………… 6
匿名組合 …………………………… 141, 144, 146
匿名組合員 ………………………… 141, 142, 144-146
匿名組合契約 ……………………… 142, 143, 145, 146
取次ぎ ……………………………… 113, 156
取次商 ……………………………… 99, 180

な　行

名板貸し …………………………… 58, 142
名板貸人の責任 …………………… 59
仲立ち ……………………………… 113
仲立人 ……………………………… 99, 113, 147
仲立人日記帳 ……………………… 151
何物をも求めず貸し与えよ ……… 10
荷受人の義務 ……………………… 174
荷受人の権利 ……………………… 173
荷受人の地位 ……………………… 173
西原寛一 …………………………… 3
荷渡指図書 ………………………… 190, 191
暖　簾 ……………………………… 64

は　行

媒介代理商 ………………………… 98, 113
表見支配人 ………………………… 92
標準貨物自動車利用運送約款 …… 169
標準約款 …………………………… 184
ファイナンス・リース …………… 134
複合運送 …………………………… 165, 174
複合運送人 ………………………… 174
不実登記 …………………………… 43
不正の目的 ………………………… 51
附属的商行為 ……………………… 108, 113, 137
普通取引約款 ……………………… 165
物品運送 …………………………… 111, 167
物品販売等店舗の使用人 ………… 95
部分運送 …………………………… 175

不法行為責任 …………………… 172
フランス商法（典） …………… 8, 11
プロイセンの一般ラント法 ………… 10
ブローカー業務 ………………… 109
分別の利益 ……………………… 119
弁護士 …………………………… 4
報酬請求 ………………………… 134
──権 ……………………… 122, 152
法条競合説 ……………………… 172
保　険 …………………………… 112
保険法 …………………………… 107
補助商 …………………………… 86
補助的商行為 …………………… 108

ま　行

松本烝治 ………………………… 5
見本売買 ………………………… 122
見本保管義務 …………………… 150
民事仲立人 ……………………… 113, 123
民法の商化 ……………………… 5
免責特約の禁止 ………………… 177
目的物検査 ……………………… 131

や　行

約款の法源性 …………………… 21

有価証券 ………………………… 109, 117
有限責任事業組合 ……………… 108, 115
ヨーク・アントワープ規則 ……… 17

ら　行

陸上運送 ………………………… 111
履行担保義務 …………………… 160
リーサー，ヤコブ（J. Riesser） …… 5
流質契約 ………………………… 120
留置権 ……………………… 102, 137, 163
流動資産 ………………………… 83
両　替 …………………………… 112
旅客運送 ………………………… 111, 176
旅客運送人 ……………………… 177
ルカ伝 …………………………… 10
レセプツム責任 ………………… 193
連帯運送 ………………………… 175
連帯債務 ………………………… 142
労働者供給事業 ………………… 111
労働者派遣事業 ………………… 112
労務の請負 ……………………… 111
ロェスレル，ヘルマン（C. F. H. Roesler） …… 12

わ　行

ワルソー条約 …………………… 21

判例索引

大　審　院

大判明41・10・12民録14・994 …………… 129	大判昭10・5・27民集14・949 …………… 101
大判明44・5・25民録17・336 …………… 156	大判昭11・3・11民集15・4・320 ………… 138
大判明45・2・8民録18・93 ……………… 175	大判昭12・11・26民集16・1681 ……… 112, 192
大判明45・7・3民録18・684 …………… 129	大判昭14・2・1民集18・77 ……………… 176
大判大4・12・24民録21・2182 …………… 21	大判昭14・2・8民集18・54 ……………… 45
大判大6・5・23民録23・917 …………… 141	大判昭14・12・27民集18・1681 ………… 119
大判大9・11・15民録26・1779 ………… 131	大判昭15・2・21民集19・273 …………… 19
大決大13・6・13民集3・280 ……………… 52	大判昭15・3・12新聞4556・7 …………… 96
大判大15・11・15新聞2647・15 ………… 131	大判昭15・3・13民集19・554 …………… 109
大判大15・12・16民集5・841 …………… 19	大判昭16・6・14判決全集8・22・6 ……… 132
大判昭3・6・13新聞2864・6 …………… 193	大判昭17・6・29新聞4787・13 ………… 194
大判昭4・9・28民集8・769 …………… 109	大判昭17・9・8新聞4799・10 …………… 84
大判昭9・1・10民集13・1・1 …………… 114	大判昭19・2・29民集23・90 …………… 19

最高裁判所

最判昭25・9・22刑集4・9・1766 ………… 154	最判昭38・2・12判時325・6 …………… 154
最判昭28・10・9民集7・10・1072 ……… 121	最判昭38・3・1民集17・2・280 ………… 69
最判昭29・1・22民集8・1・198 ………… 133	最判昭39・3・10民集18・3・458 ………… 92
最判昭29・9・10民集8・9・1581 ……… 114	最判昭40・3・18判タ175・115 ………… 50
最判昭29・10・7民集8・10・1795 …… 70, 71	最大判昭40・9・22民集19・6・1600 …… 65, 66
最判昭29・10・15民集8・10・1898 ……… 41	最判昭42・2・9判時483・60 ………… 59, 60
最判昭30・9・29民集9・10・1484 ……… 114	最判昭42・6・6判時487・56 …………… 60
最判昭31・10・12民集10・10・1260 …… 158	最大判昭43・4・24民集22・4・1043 …… 118
最判昭32・2・19民集11・2・295 ……… 189	最判昭43・6・13民集22・6・1171 ……… 60
最判昭32・3・5民集11・3・395 ………… 94	最判昭43・7・11民集22・7・1462 …… 159
最判昭32・5・30民集11・5・854 ……… 156	最判昭43・11・1民集22・12・2402 …… 42
最判昭33・2・21民集12・2・282 ……… 59	最判昭43・12・24民集22・13・3334 …… 39
最判昭35・4・14民集14・5・833 ……… 41	最判昭44・4・15民集23・4・755 ……… 190
最判昭35・12・2民集14・3・2893 ……… 132	最判昭44・6・26民集23・7・1264 …… 123, 147, 154
最判昭36・5・26民集15・5・1440 ……… 149	最判昭44・8・29判時570・49 ………… 130
最判昭36・9・29民集15・8・2256 ……… 54	最判昭44・10・17判時575・71 ……… 172, 173
最判昭36・10・13民集15・9・2320 ……… 70	最判昭45・4・10民集24・4・240 ……… 139
最判昭36・11・24民集15・10・2536 …… 110	最判昭45・10・22民集24・11・1599 …… 154
最判昭37・5・1民集16・5・1031 ……… 93	最判昭47・1・25判時662・85 ………… 132
最判昭37・9・13民集16・9・1905 ……… 93	最判昭47・2・24民集26・1・172 ……… 30

最判昭47・6・15民集26・5・984 …………… 44
最判昭48・3・29裁判集民事108・533 …… 190, 191
最判昭48・10・5判時726・92 ……………… 31
最判昭48・10・30民集27・9・1258 ………… 118
最判昭49・3・22民集28・2・368 …………… 42
最判昭50・6・27判時785・100 ……………… 112
最判昭50・12・26民集29・11・1890 …… 123, 154
最判昭52・12・23判時880・78 ……………… 41
最判昭54・5・1判時931・112 ……………… 90
最判昭55・7・15判時982・144 ……………… 60
最判昭55・9・11民集34・5・717 …………… 43
最判昭57・9・7民集36・8・1527 ………… 191
最判昭57・10・19民集36・10・2130 ……… 135
最判昭62・4・16判時1248・127 …………… 44
最判昭63・1・26金法1196・26 ……………… 44
最判昭63・10・18民集42・8・575 ………… 31
最判平2・2・22商事1209・49 ……………… 94

最判平4・2・28判時1417・64 …………… 158
最判平4・10・20民集46・7・1129 ……… 133
最判平5・11・25金法1395・49 …………… 135
最判平7・4・14民集49・4・1063 ………… 135
最判平7・11・30民集49・9・2972 ………… 61
最判平10・4・14民集52・3・813 ………… 119
最判平10・7・14民集52・5・1261 ……… 126
最判平10・12・18民集52・9・1866 ……… 97
最判平15・2・28判時1829・151 ………… 194
最判平16・2・20民集58・2・367 ………… 69
最判平20・2・22民集62・2・576 ………… 114
最判平20・6・10判時2014・150 …………… 69
最判平20・7・18判刑62・7・2101 ……… 78
最判平23・12・15民集65・9・3511 ……… 126
最判平28・9・6判時1508・48 …………… 145
最判平29・12・14民集71・10・2184 …… 125

高等裁判所

大阪高判昭38・3・26高民集16・2・97 ………… 64
東京高決昭54・2・15判時925・69 …………… 85
札幌高決昭62・9・30判時1258・76 ………… 97
東京高判平7・9・28判時1552・128 ………… 77
東京高判平8・3・28判時1573・29 ………… 97

東京高決平11・7・23判時1689・82 ………… 125
東京高判平11・10・28判時1704・65 ……… 97
大阪高判平13・4・11判時1753・142 ……… 194
東京高判平17・5・31労判898・16 ………… 64
大阪高判平28・10・13金判1512・8 ……… 61

地方裁判所

東京地判昭13・8・20判例評論28 …………… 145
大阪地判昭31・9・6下民集7・9・2413 ……… 50
大阪地判昭33・3・13下民集9・3・390 …… 144
東京地判昭34・8・5下民集10・8・1634 …… 69
東京地判昭36・11・15判時289・34 ………… 50
京都地判昭40・12・22判時437・57 ………… 50
横浜地判昭50・5・28判タ327・313 ………… 104
東京地判昭52・4・22下民集28・1-4・399 … 131
東京地判昭53・9・21判タ375・99 ………… 95
名古屋地判昭53・11・21判タ375・112 …… 145
東京地判昭56・12・21判時1035・70 ……… 135

東京地判昭57・1・28判時1050・96 ……… 135
東京地判昭57・3・29判時1054・153 …… 114
横浜地川崎支判昭63・4・28判時1301・144 … 50
東京地判平元・4・20判時1337・129 …… 170
東京地判平3・11・26判時1420・92 ……… 163
東京地判平6・10・28判時1512・11 ……… 55
東京地判平9・12・1金判1044・43 ……… 114
東京地判平10・1・21判例集未登載 ……… 50
東京地判平10・10・30判時1690・153 …… 104
東京地判平17・10・4判時1944・113 …… 177

══════ **執筆者紹介・執筆分担** （執筆順，＊印編者）══════

高橋 英治（大阪市立大学大学院法学研究科教授） 　　　　　第1編

釜田 薫子（同志社大学法学部教授） 　　　　　第2編第1章

小柿 徳武（大阪市立大学大学院法学研究科教授） 　　　　　第2編第2章・第6章

佐藤 誠（京都産業大学法学部教授） 　　　　　第2編第3章

伊藤 吉洋（関西大学法学部准教授） 　　　　　第2編第4章

三島 徹也（関西大学会計専門職大学院教授） 　　　　　第2編第5章

岡田 豊基（神戸学院大学法学部教授） 　　　　　第2編第7章
　　　　　第3編第5章・第6章

＊北村 雅史（京都大学大学院法学研究科教授） 　　　　　第3編第1章

吉井 敦子（大阪市立大学大学院法学研究科教授） 　　　　　第3編第2章〜第4章

＊藤田 勝利（大阪市立大学名誉教授） 　　　　　第3編第7章・第8章

道野 真弘（近畿大学法学部教授） 　　　　　第3編第9章・第10章

Horitsu Bunka Sha

プライマリー商法総則・商行為法〔第4版〕

2004年4月30日　初　版第1刷発行
2006年5月25日　第2版第1刷発行
2010年4月10日　第3版第1刷発行
2019年4月15日　第4版第1刷発行

編　者　藤田勝利・北村雅史
　　　　（ふじた かつとし）（きたむら まさし）

発行者　田靡純子

発行所　株式会社 法律文化社
〒603-8053
京都市北区上賀茂岩ヶ垣内町71
電話 075(791)7131　FAX 075(721)8400
http://www.hou-bun.com/

印刷：共同印刷工業㈱／製本：新生製本㈱
装幀：前田俊平

ISBN 978-4-589-04005-3

© 2019　K. Fujita, M. Kitamura　Printed in Japan
乱丁など不良本がありましたら、ご連絡下さい。送料小社負担にてお取り替えいたします。
本書についてのご意見・ご感想は、小社ウェブサイト、トップページの「読者カード」にてお聞かせ下さい。

JCOPY　〈出版者著作権管理機構　委託出版物〉
本書の無断複写は著作権法上での例外を除き禁じられています。複写される場合は、そのつど事前に、出版者著作権管理機構（電話 03-5244-5088、FAX 03-5244-5089、e-mail: info@jcopy.or.jp）の許諾を得て下さい。

スタンダード商法【全5巻】

本書の特長
- 基本事項に重点を置いた標準テキスト
- 丁寧な解説で商法の基本と全体像，およびリーガルマインドを修得できる
- 理解を促すために，適宜，図解を用いる
- コラムにて重要判例，学説上の論点を解説し，知識の定着と応用を可能にする
- 平成30年商法改正・平成29年民法改正に対応
- 法学部をはじめ，経済学部・経営学部・商学部の講義に最適
- Ⅰ〜Ⅳは基礎から発展レベル，Ⅴは入門書

スタンダード商法Ⅰ 商法総則・商行為法	北村雅史編	A5判・254頁・2500円	
スタンダード商法Ⅱ 会社法	徳本 穰編	A5判・330頁・3000円	
スタンダード商法Ⅲ 保険法	山下典孝編	A5判・290頁・2600円	
スタンダード商法Ⅳ 金融商品取引法	徳本 穰編	（近刊）	
スタンダード商法Ⅴ 商法入門	高橋英治編	A5判・214頁・2200円	

藤田勝利・北村雅史編

プライマリー会社法〔第4版〕

A5判・350頁・2900円

制度の概要と会社法の全体像を理解するうえで定評のある教科書の改訂版。重要な論点や今日的なトピックをテーマにしたコラムで本文の説明を補足し，学修者の理解を深める。第3版刊行以降の重要判例等を盛り込んだ。

高橋英治編

設問でスタートする会社法

A5判・256頁・2300円

設問を解きながら会社法の全体像を理解していく新しいタイプの教科書。会社法の前提知識がない人にも理解できるよう設問や叙述に配慮。学部期末試験やロースクールの入学試験だけでなく，公務員試験や各種資格試験にも対応。

加藤 徹・伊勢田道仁編

会社法の基礎

A5判・250頁・2700円

条文と通説に基づいて平易・簡潔に法の基礎を記述する。合わせて21の重要判例を取り上げ，事案と判例の要旨を簡潔に判りやすく解説し，読者の理解を深める。平成29年民法改正等の最新動向にも対応。

―― 法律文化社 ――

表示価格は本体（税別）価格です